中小学教育智慧文库
ZHONGXIAOXUE JIAOYU ZHIHUI WENKU

融合认知工具的
初中数学混合式教学研究

刘 忠◎著

暨南大学出版社
JINAN UNIVERSITY PRESS

中国·广州

图书在版编目（CIP）数据

　　融合认知工具的初中数学混合式教学研究/刘忠著. —广州：暨南大学出版社，2020.12
　　（中小学教育智慧文库）
　　ISBN 978 – 7 – 5668 – 2978 – 8

　　Ⅰ.①融…　Ⅱ.①刘…　Ⅲ.①中学数学课—课堂教学—教学研究—初中
Ⅳ.①G633.602

中国版本图书馆 CIP 数据核字（2020）第 179303 号

融合认知工具的初中数学混合式教学研究
RONGHE RENZHI GONGJU DE CHUZHONG SHUXUE HUNHESHI JIAOXUE YANJIU
著　者：刘　忠
· ·

出 版 人：张晋升
责任编辑：李倬吟
责任校对：刘舜怡
责任印制：汤慧君　周一丹

出版发行：暨南大学出版社（510630）
电　　话：总编室（8620）85221601
　　　　　营销部（8620）85225284　85228291　85228292　85226712
传　　真：（8620）85221583（办公室）　　85223774（营销部）
网　　址：http://www.jnupress.com
排　　版：广州尚文数码科技有限公司
印　　刷：广州市穗彩印务有限公司
开　　本：787mm×1092mm　1/16
印　　张：8
字　　数：161 千
版　　次：2020 年 12 月第 1 版
印　　次：2020 年 12 月第 1 次
定　　价：32.00 元

前　言

　　长期以来，"转变学习方式，让学生充分经历自主探索的学习过程"是数学课堂教学改革的主要目标之一，实施效果却因现实中的应试教育而举步维艰，数学课堂教学改革的效果始终无法令人满意，"满堂灌""题海战"等形式的教学依然是数学课堂的教学常态。2020年突如其来的新冠肺炎疫情迫使学校大规模实施网络教学，教师离开以往的"习惯性教学舒适区"，被迫进入"信息化教学试验区"，进行了网络数字化教育教学探索工作，展开了极具革新意义的数字化教育教学试验。由于事发突然而准备不足，工作前期师生都在摸索中前行，没有充分掌握网络自主学习的理念，也缺乏与数字化信息时代相适应的自主学习技能和习惯。数学学科网络自主学习和教学更加缺乏行之有效的模式与方法，在调查中，师生普遍反映网络自主学习有流于形式之嫌，问题和质疑不断，其中最大的问题是数学网络教学中很多教师与学生的交流互动差，屏幕阻碍了教师的教学管理，致使教学效果不理想。如何在网络教学中进行高效的数学教学，依托网络数字资源与时空优势，引导学生不仅关注知识结论的获得，还能较好地掌握网络时代的学习方法，并能迁移性地运用数学知识解决真实问题，有效提高数学学习品质，发展学生数学核心素养，这成为广大数学教师面临的紧迫研究课题。疫情期间的网络教学从客观上倒逼了之前多停留在纸面上的数学教育教学改革工作，网络教学试验的规模越来越大，对它的探索越来越深，数学网络教学的各种模式和方法不断被总结出来，数字化信息时代数学课堂教学改革取得了实质性进展和突破，极大地推进了数学学习方式的转变。其中，混合式教学作为一种既符合当今教学改革趋势又切合初中数学学科特点，同时顺应初中学生认知发展规律的教学方式，越来越受到重视。混合式教学作为一种新兴的教学方式，集传统课堂教学及网络在线教学的优势于一身，既能有效地避免传统课堂教学的弊端，又能弥补网络在线教学的缺点，实现两者的优势互补。

　　本书所探讨的初中数学混合式教学在一般意义的混合式教学实践的基础上，

进一步融合了数学活动与实验，目的就是有效促进师生线上线下教学互动，借助数学认知工具，在丰富的数学活动中建构数学认知。教育实践表明，学生是学习的主体，教师是教学的主导，两者不可偏废。在融合认知工具的初中数学系列化主题活动混合式教学中，无论是线上网络教学还是线下面授教学，系列化主题活动都可以充分落实学生学习的主体地位，同时积极发挥教师的主导作用，在认知工具的辅助下，以活动促互动，以实践出真知，学生在动手中动脑，在应用中创新，在有效克服以往传统传授式教学弊端的同时避免了网络教学重点分散、效率低下的问题。该教学模式的精髓就是以系列化主题活动为教学"锚链"，线上和线下数学活动任务呈现连续性和层次性，后续活动以先前活动为基础依次递进，而且数学活动借助了简洁易用且内含丰富数学原理的认知工具进行，在活动中有效发展学生的数学认知和能力。系列化主题活动的不断优化对混合式教学尤为重要，针对系列化主题活动的教学策略——情境性知识再现策略、形象化数学验证策略、精确性数形结合策略应该贯穿线上线下数学教学实施过程。在这样的教学设计下，数学系列化主题活动混合式教学充分利用网络优势，积极调动学生学习数学和应用数学知识解决问题的积极性，有效克服了先前大规模网络教学试验中饱受诟病的"直播化""主播化"网络课堂缺陷，弥补了面授课堂中应试教育的不足。数学系列化主题活动混合式教学还可以通过发挥网络教学和教育"云"技术交流便捷、资源丰富等优势，合理创设数学学习情境，利用数学实验或活动抓住学生的注意力，激发学生的好奇心和求知欲；在内涵丰富的数学活动中揭示数学知识的来龙去脉，让抽象的数学问题形象化、具体化，使学生的数学学习由外而内、由浅入深、由感性到理性，在兴趣的引导下不断产生知识迁移和能力跃升，在合作或自主活动中以问题为导向进行探索。数学系列化主题活动混合式教学继承了以往面授教学中教师的良性主导传统，让学生的线上线下混合式学习始终在教师的组织和指导下进行，重视教师课堂指导的有效性，让教师全程监控和鼓励学生进行自主、合作、探究学习，有效提高了混合式教学的效益。另外，混合式教学的内容编排可以灵活多样，逻辑上顺理成章，评价上又可以做到灵活、多元、全面、具有建设性，在教师和同伴的协作与鼓舞下不断激发学生学习数学的主动性和内驱力。

笔者在探索教学模式的过程中深受"云"教育理念的启迪，在数学教学实践中形成融合认知工具、以系列化主题活动为桥梁进行线上线下混合式教学的模式，高效地整合了线上网络教学和线下面授教学的优势，让学生在教师的引导下通过动手操作和实验活动提高数学核心素养。笔者用行动研究的形式撰写本书，献给未来的"云"教育。

　　本书的出版得到了暨南大学出版社的大力协助，在此表示感谢！

　　当然，对混合式教学尤其是融合认知工具的初中数学混合式教学理论和方法的探索研究仍在不断进行，鉴于笔者的水平有限，书中难免存在诸多不足，敬请读者指正。本书旨在抛砖引玉，希望更多的读者关注数学基础教育教学，参与到优化初中数学混合式教学模式与方法的探索研究之中。

著　者
2020 年 7 月

目　录
CONTENTS

第一章 绪论

第一节 研究背景

2020 年年初，突如其来的新冠肺炎疫情让整个世界面临巨大的困难和考验。中国人民众志成城，抗击疫情，共度时艰。为了切断病毒的传播，避免病毒的侵害，广大师生严格遵守疫情防控要求，自觉居家读书，"在家上学，网络上课"成为应急教学新常态，网络课堂、在线学习也成为全国各地师生打开新学期的统一方式。疫情给教育带来了巨大的冲击，但"停课不停学"给线下教学按下暂停键的同时，给线上网络教育按下了快进键。全国大、中、小学广大师生都投入到这场空前的网络教育试验中。过去多年难以有效伸展的教育新理念、新方法和新模式在这场最现实、最广泛的试验中得到了充分的验证和推进。谁也没想到是疫情迫使中国教育离开了原来的"舒适区"，进入了未来数字教育的"试验区"，为中国教育开辟了新天地，极大地促进了从教育理念到课堂模式、从数字硬件到教育软件的大升级，并为广大教师更新数字网络教育理念和驾驭未来教育增添了新动能。

在北京师范大学相关研究人员对网络教学进行广泛调查的样本中，网络教学的方向与方式得到了充分肯定。尤其是学生，他们熟悉网络，更容易接受网络学习，教师在网络大潮中也能够感受到教学改革势在必行。

网上学习的愿景是很好的，当大家真正开始网络学习时，却出现诸多问题。没有熟悉的传统面授课堂，面对冰冷的屏幕，教师、学生乃至家庭和学校，如何在网络空间的线上互联教学中充分落实教学目标？师生如何调整适应全新的教学场景和模式，让知识形成和能力提升真正突破时空的限制？这些问题引发教师深入的思考。通过北京师范大学对网络教学进行的广泛调查研究发现，广大教师和学生普遍认为，无论是线上教学还是线下教学，评价其教学效果的重要指标是教学中的互动。教学的互动形式越丰富，教学效果越好，教学目标的落实越到位。但线上教学中反映最多的问题恰恰就是师生的互动很不充分，网络课堂因师生无法面对面，屏幕隔绝了教学时空，似乎很难达到线下课堂中交流互动的效果。值得数学教师注意和反思的是，调查结果显示，虽然每一门学科自身的特性使其对应的网络教学情况各具特色，但具体到数学网络教学上，课堂互动情况相较于其他学科更不理想，而且数学教师和学生的互动方式单一枯燥，总体反映网络数学课堂教学质量不高，甚至有人提出数学这种对思维能力要求高、教师带动作用大的学科放在无法监控的网络上是根本不适应的。

数学网络教学中，师生互动情况和教学效果不够理想的主要原因有两个：一是教师的教育教学理念还停留在面授课时代，还未树立起"互联网＋"教育的新型教育教学观；二是教师适用于网络时代的信息素养和能力亟待提高。具体操作层面上还有一个重大的欠缺，即缺乏可以有效整合数学学科特点、融合数学课程目标的数学学科网络教学模式与教学方法。

数学教学具有鲜明独特的学科特点。数学是研究数量关系、空间结构和模型，以及它们之间相互变换等概念的一门学科。数学教学通过抽象化和逻辑推理的应用，在计算、量度和对物体形状及运动的观察中引导学生逐步认知数学知识，并在数学教学过程中不断体验数学知识的发生和发展，同时在这一过程中培养数学思维和数学能力。数学教学内容本身具有高度的抽象性，形式表现为多层逻辑递进、符号化、形式化，其中培养学生的抽象能力是中学数学课程的重要目标之一。数学教学内容又具有严谨的逻辑性，数学学习的内容多是形式化的材料，主要依靠严格的逻辑推理和精确的计算来证明其准确，所以培养学生的运算能力和逻辑思维能力也是中学数学课程的重要目标之一。数学教学内容还具有广泛的应用性、工具性和基础性。因此，教师在确定数学课程目标时，必须充分考虑数学知识的应用性，培养学生运用数学知识建立数学模型来解决实际问题的能力。此外，数学教学内容与数学方法富含辩证法，充分揭示蕴含在数学中的诸多辩证法内容亦是中学数学课程的哲学目标之一。鉴于以上这些数学课程目标，新课程标准已经清晰地指出："课程内容要反映社会的需要、数学的特点，要符合学生的认知规律。它不仅包括数学的结果，也包括数学结果的形成过程和蕴含的数学思想方法。课程内容的选择要贴近学生的实际，有利于学生体验与理解、思考与探索。课程内容的组织要重视过程，处理好过程与结果的关系；要重视直观，处理好直观与抽象的关系；要重视直接经验，处理好直接经验与间接经验的关系。课程内容的呈现应注意层次性和多样性。教学活动是师生积极参与、交往互动、共同发展的过程。有效的教学活动是学生学与教师教的统一，学生是学习的主体，教师是学习的组织者、引导者与合作者。数学教学活动，特别是课堂教学应激发学生兴趣，调动学生积极性，引发学生的数学思考，鼓励学生的创造性思维；要注重培养学生良好的数学学习习惯，使学生掌握恰当的数学学习方法。学生学习应当是一个生动活泼的、主动的和富有个性的过程。认真听讲、积极思考、动手实践、自主探索、合作交流等，都是学习数学的重要方式。学生应当有足够的时间和空间经历观察、实验、猜测、计算、推理、验证等活动过程。教师教学应该以学生的认知发展水平和已有的经验为基础，面向全体学生，注重启发式和因材施教。教师要发挥主导作用，处理好讲授与学生自主学习的关系，引导学生独立思考、主动探索、合作交流，使学生理解和掌握基本的数学知识与技能，体会和运用数学思想与方法，获得基本的数学活动经验。"①

这就表明，无论是在以往的线下面授教学中还是在新近面临的线上网络教学中，实现数学教学目标的有效方式、方法都是要求数学课堂教学通过数学活动来保证其有效性，使学生独立思考、主动探索、合作交流，理解和掌握基本的数学知识与技能，体会和运用数学思想与方法，获得基本的数学活动经验。学生在学习中是否可以和谐统一地发展知识技能、情感态度和价值观，其关键是看学生是否愿意学、能否主动学以及怎么学。具体来看，就是能否促进学生主动参与学习，能否强化学生在学习中的体验，能否激发学生进行独立思考和自主探索，能否鼓励学生合作交流。数学教学是数学活动的教学，是师生之间、学生之间交往互动与共同发展的过程，也是学生在教师的指导下经历问题抽象、逻辑推理、关系演算的过程，还是学生自己建构知识结构并增加数学思维深度和广度的过程。

在往常师生处于同一时空下的数学课堂教学中，新课程标准已经逐渐为广大数学教师所熟悉、接受并努力落实，在现实课堂中可以看到教育教学观念的积极转变，强调学生是学习的主体，教师成为学生学习的组织者、引导者、合作者。更为重要的是，课堂的组织和合作是学生可以切实感受到的，现实课堂中数学教师的一句肯定的话语、一个关爱的眼神、一个亲切的手势，都可以让学生得到激励，让师生心灵距离缩短，使学生发自内心接受和认可教师，从而对数学教学更感兴趣。所以在线下面授教学中，在教师的主导下，互动频繁的课堂可以保证应有的教学质量，较完整地实现其教学目标。最重要的是在线下面授教学中，绝大多数教师将课堂管理得得心应手，课堂易于掌控，所以教学效率比较高。

网络教学则不同，线下面授教学中师生交流互动的教学优势在网络教学中因时空分离而被极大地弱化，以往课堂管理的熟悉的方法和硬措施被屏幕隔绝。本来网络就是一把双刃剑，而初中学生在学习上大多缺乏自觉性和主动性，意志相对薄弱，自制力、毅力和耐力都较差，极易受到诱惑和干扰，在网络课堂上的注意力往往不够集中。如果部分数学教师还因循守旧，只是简单地将传统教学模式照搬到网络教学中，只关注数学知识本身的系统化与体系化，忽视数学知识的发现与形成，将教学演化为一种枯燥的符号运算或推理，丧失数学源自生活实践的趣味，这种网络直播课堂毫无疑问会导致教学形式枯燥、缺乏趣味，更谈不上有

---

① 中华人民共和国教育部. 义务教育数学课程标准：2011 年版［S］. 北京：北京师范大学出版社，2012.

效的课堂管理。本来传统教学就有知识单向传播的劣势，如果再加上网络隔离教学时空的问题，那么直播式教学结果不尽如人意，教学实效不理想，被学生喻为"差评网络直播"就不足为奇了。

数学网络教学如何实现师生良性互动，如何突破问题和窘境，如何有效落实教学目标，并在数学网络教学中体现数学学科逻辑严密的特点，这些都需要探索和实践。经过一段时间的探索和大量研究总结，笔者发现网络教学有其特点，高效的网络教学有章可循。如果在正确理念的指导下践行有效模式，那么数学网络教学不但可以展现出时代先进性，而且可以发挥其特有的优势，获得有效网络教学的一把"金钥匙"——在教学中充分整合线下面授教学和线上网络教学的优势，进行线上线下混合式教学。将线上与线下教学有机融合的桥梁就是"数学活动"，学生的能力并不是靠听获得的，而是靠做获得的，学生只有动手操作才能集中注意力，引发一系列积极思考，并探究真相，获得真知。教学实践表明，融合认知工具的初中数学混合式教学可以有效实现这一教育目标。

疫情终将过去，新技术对教育的冲击无法避免，线上教学与线下教学的融合既迎来新机遇，也面临不小的挑战。

第二节　研究内容

大规模开展的网络教学虽然走上了发展快车道，但大量线上教学实践也暴露出诸多问题，而且有些问题突出、亟待解决。很多学生、教师和家长抱怨很不适应网络教学，反映这种教学的实际效果是"玩坏了学生，忙坏了老师，急坏了家长"。出现这样的问题和现象，当然有客观原因，如网络教学初期，全体师生贸然进入网络教学，部分学校和教师、家庭和学生开展网络教学和学习所必需的硬件准备不足，师生对软件掌握不熟练等。但随着网络教学时间的推移，硬件补足，软件不断优化升级，支持平台的操作日益人性化，客观技术性障碍很快被克服，在这种情况下依旧有不少师生感觉在网络教学中力不从心，效果不佳。这就要从教育教学理念层面进行反思：教师和学生是否正确运用网络进行教学活动？是否探索出适应网络教学的行之有效的教学模式和方式、方法？简单地将网络教学等同于"网络教学直播"、将传统数学课堂教学模式机械地搬到网络上的做法，从根本上来说是教师缺乏数字化信息时代数学教学的新理论指导，从具体之处来说是缺乏网络教学的有效模式。就算将数学知识加以粉饰后由书本搬到网络空间，如加一些色彩、声音等元素，但效果是一样的，还是将"教师的满堂灌"变成"教师＋网络的满堂灌"。线上网络教学不同于线下面授教学，数学学科线上教学应更注重数学活动，在情境下发现探究，在学习的同时感受数学的乐趣，而不能仅仅掌握知识、注重数学知识的严谨性和系统化，数学学科的网络学习重点应指向学生解决问题能力的提高和数学核心素养的发展。从这个意义上讲，数学学科要走出"线上学习就是掌握知识"的误区，要充分发挥知识附有的教育价值，让学生感悟数学学习中知识发生、发展和探索过程的魅力。要实现这一目标，需要以学生为主体，以串列式数学活动为主线，在线上学习资源和数学认知工具的支持下，以教师主导与助学为基础，探索出行之有效的"数学网络学习＋信息化课堂"的线上线下教学模式。探索和建立该模式是本书的主要研究内容。

从学习方式上考量，在这种数学网络教学中，想一想、练一练、做一做等是主题动作，让学生切实经历学习的感觉、思维、体验、感悟、反思、内化、外显等环节，重点是思维与体验，关键是感悟与反思，最终是内化与外显。从教师角度考量，在这种数学网络教学中，数学教师更应该站在导学与助学的位置上，导学要关注学生学什么、怎么学，助学则在数学认知工具的辅助下，在探究活动中帮助学生疏解学习卡点、堵点，破解学习难点，强化学习重点，拓宽学生的视野与思路，打开学生的数学思维空间。从教学资源上考量，任何教学都需要教学资源。网上数学教学资源丰富，但良莠不齐，教师需要评估这些资源的教学价值，依据学情整合资源，确定适合不同层次学生数学学习的目标，并将资源转化为适合学生的学习程序和学习内容，制订适合学生学习的任务单。教育事实也表明，动态的个性化学习总是比静态的单一化学习更让学生感兴趣和有成就感。混合式教学与数学课程学习的结合，可以增强学生对数学的学习兴趣，提升学生数学课堂教学活动的参与度，增强学习效果，实现数学课程线上教学、线下教学的真正融合。

目前混合式教学在初等教育领域的研究相对较少，特别是针对初中数学领域的研究少之又少。在混合式教学理念的基础上，本书通过行动研究不断提炼与发展出融合认知工具的初中数学混合式教学模式，其理论建立在建构主义、分布式理论基础之上，并借鉴"云"教育理念，主要探讨在该模式下将计算机、手机、平板电脑等智能移动设备作为学习终端，利用数学虚拟认知工具或实物认知工具，以数学活动为中心，将传统课堂与网络学习优势结合在一起，实现线上教学与线下教学深度融合的混合式教学。该研究模式在疫情初期线上数学教学中萌发，在后来复学中的"课堂教学＋线上学习"中发展并初步成熟，得到教师和学生的认可。

本书共分为四章：第一章主要从时代发展、课程改革及线上线下混合式教学新要求的角度分析问题提出的背景，概述融合认知工具的初中数学混合式教学模式研究的主要内容，并从数字化信息时代发展的角度论述了融合认知工具的初中数学混合式教学改革的意义。第二章对网络环境下融合认知工具的初中数学混合式教学进行了针对性分析，在文献研究中整合混合式教学理论，建构主题活动混合式教学模式支持理论体系。第三章主要介绍融合认知工具的初中数学混合式教学的构建与实施，构建融合认知工具的初中数学混合式教学模型，实现数学混合式教学的多重交互，真正体现学生学习的主体性，并从创新教学设计视角形成一套操作性强的初中数学活动教学设计方法。第四章以具体案例的形式呈现融合不同认知工具的初中数学混合式教学。

第三节　研究意义

一、混合式教学是时代发展对人才培养的新要求

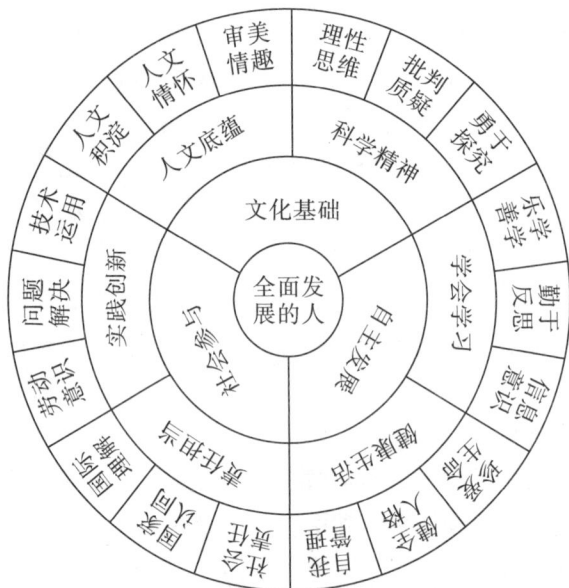

图 1-1　21 世纪知识与能力"彩虹"模型

2016 年 1 月，世界经济论坛发布的《第四次工业革命：未来的就业、技能和劳动力战略》报告中指出，随着整个工业体系的调整，大部分职业及其所需要的技能也将经历根本性转型。就业市场对拥有解决复杂问题能力和社交技能人才的需要会远远高于对体力和专业技能人才的需要。为培养适应时代发展、面向未来的人才，2016 年我国教育部出台了《中国学生发展核心素养》，发布了 21 世纪知识与能力"彩虹"模型（如图 1-1 所示）。

《中国学生发展核心素养》确立了三个方面的六大学生核心素养：

文化基础方面包括：①人文底蕴。主要是学生在学习、理解、运用人文领域知识和技能等方面所形成的基本能力、情感态度和价值取向。具体包括人文积淀、人文情怀和审美情趣等基本要点。②科学精神。主要是学生在学习、理解、运用科学知识和技能等方面所形成的价值标准、思维方式和行为表现。具体包括理性思维、批判质疑、勇于探究等基本要点。

自主发展方面包括：①学会学习。主要是学生在学习意识形成、学习方式方法选择、学习进程评估调控等方面的综合表现。具体包括乐学善学、勤于反思、

信息意识等基本要点。②健康生活。主要是学生在认识自我、发展身心、规划人生等方面的综合表现。具体包括珍爱生命、健全人格、自我管理等基本要点。

社会参与方面包括：①责任担当。主要是学生在处理与社会、国家、国际等关系方面所形成的情感态度、价值取向和行为方式。具体包括社会责任、国家认同、国际理解等基本要点。②实践创新。主要是学生在日常活动、问题解决、适应挑战等方面所形成的实践能力、创新意识和行为表现。具体包括劳动意识、问题解决、技术应用等基本要点。①

依据《中国学生发展核心素养》的要求，传统教学虽然在知识内容的教学上暂时还有一定的优势，但对照学生核心素养培养目标，显然已经力不从心，很难全面达到数字化信息时代所要求的面向未来的学生核心素养的培养目标和要求。结合2020年抗疫期间线上教学实践的情况来看，可以肯定地说，教育到了必须进行改革的地步。以数学传统课堂教学为例，传统课堂是以教师为教学主体，严格按照数学学科的课程标准和教材进行教学，以确保学生能够掌握系统的数学知识。数学传统课堂以班级为基本单位，采取班级授课制，这样能够让学生在短时间内接受块状知识，单从效率的角度看是一种教学效率较高的教学形式，但是从能力培养和创新启发的角度来看，其效果是严重不够的。社会发展已经快步进入数字化信息时代，国家需要适应数字化信息时代的创新型人才，教育必须面向未来，面向现代化，必须在追求原有相对较为封闭的知识体系与知识检测质量的基础上，按照《中国学生发展核心素养》的培养要求不断改革与发展。此次突然而至的抗疫线上教学虽然给教育带来了巨大的挑战，但也有效地促进了学校在原有的教学理念和教育实践上进行全方位的改革与创新，迫使教育做出重大尝试，在尝试中迎来机遇和发展。

基于网络的数字化学习在诸多方面切合了数字化信息时代学生核心素养的培养要求，结合线上线下优势的混合式教学研究应运而生，并因其契合时代的革新性而显现出勃勃生机。"混合式学习"这一概念由美国在2000年以教育白皮书的形式率先提出。因为混合式学习继承了传统班级面授学习的优点，又吸纳了网络在线学习的优势，一提出就引发了教育界的广泛关注，以大学为主的越来越多的学校加入混合式教学的尝试中来，并取得了丰硕的成果，但在中学教学中开展混合式教学的情况还比较罕见。随着国内网络建设的成熟和移动智能学习终端的普及，大部分中学已经基本具备实施混合式教学的条件，有些学校也自主开展了相关的实践活动，微课、"翻转课堂"等具有混合式教学特征的方式被大量践行，适应中国教育实际的同时又为面向未来的中学课堂教学改革打下了更加坚实的基

① 中国学生发展核心素养［EB/OL］. https://baike.baidu.com/item/中国学生发展核心素养/20361439.

础。尤其是此次大规模线上教育实践促使混合式教学在初中数学课堂中蓬勃开展，并加快了教育工作者对其理论与应用的研究。

二、混合式教学是初中数学新课程改革的迫切需要

数学学科作为中学阶段的核心课程之一，其学科定位、教学目的、教学内容与教学方法都对基础教育有着重要作用。为适应时代发展对人才培养的要求，世界上主要的发达国家相继对数学教育提出一系列发展纲要，并制定了新的数学课程目标。这些目标大致具有以下共同点：①关注人的全面发展，尤其是包括情感态度在内的整体数学素养的提高。②数学教育由精英教育转为大众教育，关注全体学生的发展。③数学课程的具体目标是关注学生的个体差异，而非整齐划一。④注重数学与现实生活的联系。⑤重视运用信息技术手段促进学生学习数学。⑥数学日益表现出二重性：一方面是演绎科学，另一方面是经验性、活动性的实验科学。

美国数学教师委员会（NCTM）制定了美国数学新课程标准，强调了中学数学教育中的四个原则：①平等原则：数学教学项目应该促进所有学生的数学学习。②学习原则：数学教学项目应该使所有学生能够理解和应用数学。③评价原则：数学教学项目应该包括监控、强化、评估所有学生的数学学习并改进教学的评价。④技术原则：数学教学项目应该使用技术来帮助所有学生理解数学，为在日益技术化的社会中应用数学做好准备，并在标准中贯穿一条始终不变的主线，即学习与应用数学，同时在"技术原则"中强调在技术化社会中应用技术手段帮助数学学习与应用的重要性。英国数学新课程标准指出，"培养学生欣赏数学的本质与过程，欣赏怎样用数学观点来解释现实世界，欣赏数学美及数学史"，"培养学生在数学应用及发展中的模型化、一般化和解释结果的能力"，"培养学生适当使用计算机及各种软件来学习数学的能力"等。[1] 我国《义务教育数学课程标准（2011 年版）》总目标是"通过义务教育阶段的数学学习，学生能：获得适应社会生活和进一步发展所必需的数学的基础知识、基本技能、基本思想、基本活动经验。体会数学知识之间、数学与其他学科之间、数学与生活之间的联系，运用数学的思维方式进行思考，增强发现和提出问题的能力、分析和解决问题的能力。了解数学的价值，提高学习数学的兴趣，增强学好数学的信心，养成良好的学习习惯，具有初步的创新意识和科学态度"。该课程标准指出"数学课程的设计与实施应根据实际情况合理地运用现代信息技术，要注意信息技术与课程内容的整合，注重实效。要充分考虑信息技术对数学学习内容和方式的影响，

---

① 毕海滨. 基于认知工具的数学实验教学研究：信息技术与中学数学课程整合的新方法［M］. 北京：北京邮电大学出版社，2013.

开发并向学生提供丰富的学习资源，把现代信息技术作为学生学习数学和解决问题的有力工具，有效地改进教与学的方式，使学生乐意并有可能投入到现实的、探索性的数学活动中去"，并明确指出让学生"在参与观察、实验、猜想、证明、综合实践等数学活动中，发展合情推理和演绎推理能力，清晰地表达自己的想法"。①

综上可见，面向未来，各国的数学教育目标都十分重视数学与实际相联系，注重引导学生对数学本身的自主探索，特别强调通过投身"活动"之中，认知和应用数学，在掌握基础知识和技能的同时，强调全面培养学生借助数学思维有条理地思考日常生活事物的能力，体会数学活动的愉悦以及运用数学认知工具和信息技术处理数据的优越性，培养学生在生活中有效地运用数学的态度。

随着教育技术的发展，达成上述目标的硬件条件已经完全具备，教师可以在网络环境中借助资源，辅以数学认知工具，在数学活动中开辟新的教学思路和视角，在网络技术的支持下，通过积极主动的动手实验、实践，将数学活动引入线上线下混合式教学中，使传统课堂知识相对固化的教学融入创造与发现的方法，从而让学生学习数学知识的过程充满"再发现、再创造"，培养学生应用数学知识解决实际问题的能力，潜移默化地树立学生的创新意识。荷兰数学家弗赖登塔尔指出，数学教育改革"要实现真正的数学教育，必须从根本上用不同的方式组织教学。在传统课堂里，再创造方法不可能得到自由发展。它要求有个实验室，学生可以在那儿开展个别活动或是小组活动"，实现这些特性改革正是混合式教学模式的优势所在。混合式教学既发挥了教师引导教学的作用，也以网络自主学习方式确保了学生的主体地位。混合式教学有效实现多元融合，学生甚至打破班级授课的禁锢，进行更加灵活和有针对性的学习活动，有效促进个性化学习，同时在教师的教学主导和教学监督下，有效保证了教学效果与教学效率。混合式教学围绕有价值的学习经验和教学任务，可以有效激发师生之间、生生之间的互动交流，促进学生自主学习，并有利于实现"主导—主体"教学。

三、混合式教学促进数学教师专业能力发展和课堂模式变革

学生熟悉互联网，亲近移动互联网，网络在线课堂其实回到了他们的视觉文化世界。教师和家长都抵触学生"触网"，理由无非是网络信息良莠不齐，上网会大大分散学生的精力和学习时间，对传统意义上的学习造成不良影响，所以很多学校和教师都采用"围堵"的方法拒绝让学生使用智能移动互联设备，但是众所周知，这样的"围堵"基本上是徒劳的。疫情突袭，线上教学成为常态，

---

① 中华人民共和国教育部. 义务教育数学课程标准：2011 年版［S］. 北京：北京师范大学出版社，2012.

电脑和手机等移动智能终端成了师生最亲密的学习与娱乐工具。事实表明，如果线上教学中教育方法运用得当，那些适合学生数字化认知特点、符合信息时代学习规律、满足他们面向未来需求的课程可以强烈地吸引学生。再加上充沛的自主学习时间，很多学生有机会接触到丰富多样的网络课程，网络教学让学习形式发生改变，充满好奇与挑战，也让学习视野中呈现有趣而丰富的信息。与此产生鲜明对比的是线上教学暴露出一部分教师对新技术和新方法没有充分的准备。窘迫和不适的教学现实倒逼中学数学教师必须探索新的教学模式，大规模线上教学实践及探索更会深刻影响教师的教育理念和教学方式。

有人将窘迫的原因单纯地归结为教师的年龄偏大，对互联网的运用不够娴熟，这当然是原因之一，但不是全部。随着大规模线上教学实践的不断开展，技术公司对网络学习平台进行了实时有效的优化升级，后期的网络教学平台无论在操作方面还是技术支持方面，都变得越来越便捷，界面以及各种教学所需要的功能都已非常人性化、简洁、实用，使一般教师在掌握和运用网络教学平台与技术支持方面越来越轻松。在网络教学技术得到保障的基础上，教师就需要建立适应当前网络教育理念与技术的操作模式，具体来说就是要在网络教学环境中探索出像传统课堂"五步教学法"一样流程简明、易于操作的教学模式。几十年来，凯洛夫的"五步教学"模式之所以可以经久不衰，在课堂教学改革的呼声高涨的现在，依然还是多数初中数学课堂的经典模式，其根本原因就是"五步教学"模式逻辑结构清晰，课堂执行节奏准确，易于把握，在"五步教学"课堂中传统模式的教学目标易于实现，效率较高，还可以进行准确的教育测量。相比之下，虽然目前已经有了学生核心素养的培养要求，新课程改革的呼声也很高，但缺乏对用来落实新课程改革理念和培养学生核心素养的教学策略的系统研究，以及对有效教学模式的探索和总结。即使有了理论支撑，缺乏可操作性的教学活动也必然是低效、无序的。新课程改革和学生核心素养培养实践要在系统的教学理论指导和一定的探索积累下进行，充分的实践案例反过来对理论的完善也具有科学修订意义。所以结合当下教育实际，在探索新课程改革、实施网络数字化教学过程中，除了具备相应的硬件设施条件以及提高教师信息化教学素养之外，探索出适合现代网络教学的中学数学教学理论以及可操作性强的教学方法和模式是当下最重要的工作。举国上下一起进行的网络教学实践恰恰给了广大中学数学教师一个广阔的、与时俱进的成长空间，在实践中，教师认识到数学混合式教学并不是将线上网络教学和线下面授教学进行简单的相加，而是一种既有继承又具有革新性的教学法。传统的数学教学方法有其合理性，教师要注重吸取和继承并实现其与混合式教学的有机结合，探索适用于初中数学教学、操作性强的混合式教学方法。混合式教学对数学教师的教学能力提出了更高的要求，当然也倒逼了教师学习新教育理论、运用新教育理念，提高了网络时代教师信息素养和专业化水平，促成了当代数学教师践行终身学习和与时俱进。混合式教学核心素养培养结构如图 1-2 所示。

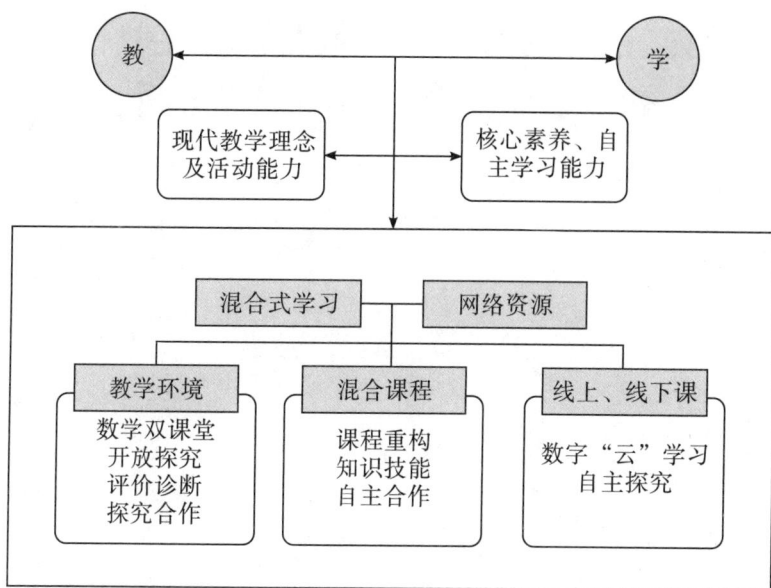

图 1-2 混合式教学核心素养培养结构

第二章　网络环境下融合认知工具的
初中数学混合式教学理论分析

第一节　概念界定

一、混合式学习

　　"混合式学习"这一概念是 2000 年美国以教育白皮书形式首先提出的。近年来，我国大学教育对混合式学习开展了大量的研究，取得了很多成果，对混合式学习从不同视角上都有了一些解释，但从本质上来说，混合式学习正如何克抗教授所说："所谓混合式学习就是要把传统学习方式的优势和网络化学习的优势结合起来，也就是说，既要发挥教师引导、启发、监控教学过程的主导作用，又要充分体现学生作为学习过程主体的主动性、积极性与创造性。"

　　为什么要将线上和线下结合起来才能取得"1 + 1 > 2"的效果？为了对此作出更好解释，我们先要回顾数学传统课堂教学模式既有的优势和存在的问题。数学传统课堂教学模式在实现书本教学目标方面是有优势的，这也是"五步教学法"至今仍为大多数数学课堂所采用的原因。不可否认，在知识传递方面，班级授课制教学效率高、可操控性强、课堂导向性明显、师生易于双向交流，这些传统课堂特点是经过实践检验并为大家所认同的。这些教学优势在抗疫期间的线上教学中还被"凸显"出来，被师生"怀念"。但传统课堂教学在面对素质教育要求时是有欠缺的，现代教育理念的共识是教育要面向全体学生，学生发展客观上是多样的，也一定是有层次的，"面向全体学生"在传统课堂中一定会遇到"众口难调"的问题，不同教师的教学风格和教学能力也存在一定的差距，所以没有"个性化"教学服务的支持，"面向全体学生"就是一句空话。而互联网尤其是移动互联网技术的发展，在技术层面上具备了突破以往学习时空必须统一的物理限制，使以前固化在书本上的知识能以"云"的形式无处不在，于是新的在线学习方式应运而生，思科首席执行官约翰·钱伯斯在 2000 年曾提到，"互联网应用的第三次浪潮是 e-Learning"。然而单单在教育技术上具有的愿景，在教学实际中效果却远非想象的那样美好。事实上，单纯的线上学习没有取代传统课堂授课学习，反而被教师和学生普遍认为是效率和效果都不理想的学习方式，单纯的线上学习因为脱离教学实际而被边缘化，最主要的原因是线上学习缺乏师生面对面的积极教学互动，在教学中，教学目标的落实和教学效果的保证与师生、生生全方位的交流互动以及课堂受控状态密不可分。教学是为"人"服务的，而线上学习恰恰将紧密联系的"人"用冰冷的屏幕隔绝开来，再精彩的屏幕展示，时间一久都会让学生哈欠连天。丧失了教学基本要素，单纯的线上教学根本谈不上课堂气氛的营造，教学效果自然大打折扣。这就是抗疫期间线上教学刚开始的一段时间内，部分教师仅将网络学习等同于线上直播讲座，其学习结果无论是教师还是学生都认为很差的原因。

为了进一步深化网络学习，提升线上教学的效果，国际教育技术界在对"网络学习"进行深入思考后提出了"混合式学习（Blended Learning）"的概念和方法，就是将网络学习和课堂学习两者的优势结合起来的一种"线上＋线下"学习方式。通过两种形式的有机结合以及两者的优势整合，可以将学生的学习带入既有教师主导又有线上学习拓展的个性化自主学习中来。混合式学习如图 2－1所示。

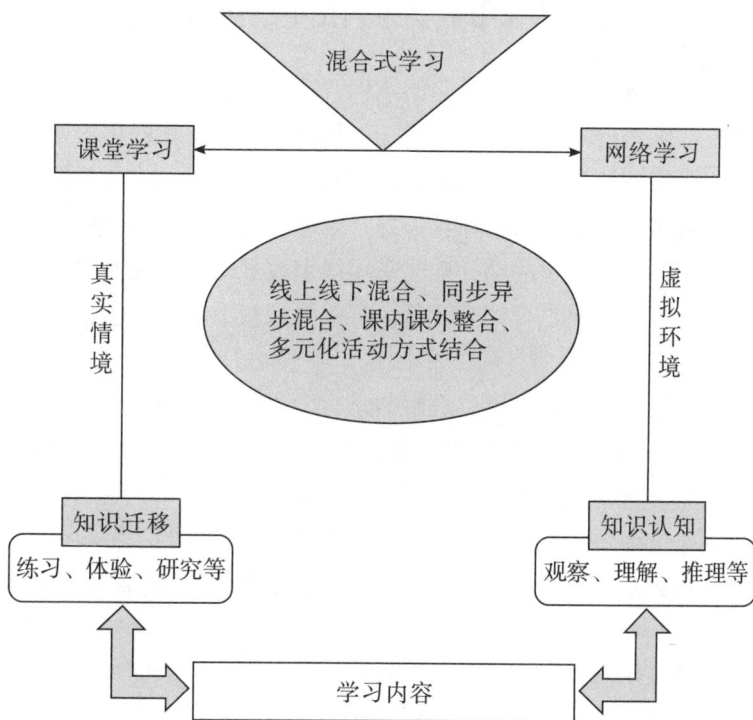

图 2－1　混合式学习

二、混合式教学

界定了混合式学习，那么为了达到混合式学习目的的教学也就是混合式教学，也就是说混合式教学是一种融合数字"云"教育理念、依据学生核心素养培养目标整合线上教学方法和线下教学方法、结合两种教学方法的优势、实施策略优化的新教学形式。混合式教学可以帮助学生在数字化信息时代利用网络教育优势，以更符合认知规律的方式进行学习。学生在教师的指导和帮助下，根据学习内容，合理配置学习资源和时间，适时选择线上与线下教学形式，选择和获取恰当的认知工具、教育技术、知识媒体和数字教育"云"，更高效地掌握知识、提升能力，更好地达到核心素养的培养目标。

开展混合式教学的目的不是刻意使用在线教育平台，也不是单纯地建设数字化教学资源，更不是开展花样繁复的教学表演，而是有效增加学生学习的深度、广度和效度，让教学活动更契合网络时代数字教育的学习心理和教学规律，以实现提升学生核心素养的培养目标，并让学生学习质量与综合素养的提高在数字教育的帮助下更科学、更高效。

三、融合认知工具的初中数学系列化主题活动混合式教学

基于以上对混合式教学相关概念的认识，结合初中数学学科教学的特点和培养学生数学核心素养的要求，将融合认知工具的初中数学系列化主题活动混合式教学界定为：为实现初中义务教育阶段数学教育教学目标，综合分析教学内容和教学技术，整合初中阶段的数学课程资源，合理利用数学认知工具构建数学活动学习平台，运用系列化主题活动，适时采用线上教学结合传统面授的方式进行教学，并对学习过程与结果进行综合评价，有效提高初中学生数学核心素养的混合式教学形式。

这里提到的数学核心素养可以理解为学生学习数学应当达成的有特定意义的综合能力，核心素养基于数学知识技能，又高于具体的数学知识技能。研究表明，数学核心素养包含数学抽象、逻辑推理、数学建模、数学运算、直观想象、数据分析这六个方面。①数学抽象。抽象是人类认识世界的一种科学方法和思维活动，而数学抽象是一种特殊有限性的思维活动，数学抽象基本分为四种类型：一是弱抽象，即从原型中选取某一特征加以抽象。弱抽象的关键在于从数学对象的众多属性或特征中辨认出本质属性或特征，从貌似不同的同类数学对象中找出共同的东西。二是强抽象，即通过在原型中引入新特征，使原型内涵增加、结构变强，获得比原结构内容更丰富的结构。强抽象的关键是把一些表面上看起来互不相关的数学概念联系起来，引进某种新的关系结构，并把新出现的性质作为特

征规定下来。三是构象化抽象，即根据数学发展的逻辑上的需要，构想出不能由现实原型直接抽取的、完全理想化的数学对象，作为一种新元素添加到某种数学结构系统中，使之具有完备性，运算在此结构系统中畅行无阻。四是公理化抽象，即根据数学发展的需要，构想出完全理想化的新的公理（或基本法则），以排除数学悖论，使整个数学理论体系恢复和谐统一。从以上情况可知数学对象都是抽象思维的产物。②逻辑推理。逻辑推理跟数学自然有很密切的关系。逻辑是数学教学和解题的工具，更是数学的语言，数学的核心通过逻辑得以表达。③数学建模。即通过计算得到的结果来解释实际问题，并接受实际的检验，来建立数学模型的过程。初中数学模型包括数与式模型、方程模型、不等式模型、函数模型、辅助线模型、几何变换模型、圆模型、概率统计模型、开放探究模型、阅读理解题模型。④数学运算。这是数学活动的基本形式，也是演绎推理的一种形式，是得到数学结果的重要手段，数学运算是数学学科的基础要求，起着非常重要的作用。⑤直观想象。在初中数学中，直观想象更多应用于几何图形方面，首先利用图形对数学问题进行直观描述，其次利用图形结合题意理解数学问题，最后利用图形探索出解答问题的方法，从而解决数学问题等。⑥数据分析。即针对研究对象获得相关数据，运用统计知识对数据中的有用信息进行分析和推断，形成知识的过程。主要形成过程包括收集数据，整理数据，提取信息，构建模型对信息进行分析、推理，形成数据支持的结论。①

融合认知工具的初中数学系列化主题活动混合式教学能够高效完成教学目标，更有利于培养学生的数学核心素养，这是由该混合式教学的特点契合数学核心素养培养的优势所确定的。在初中数学课堂中开展的该混合式教学具有以下特点：

第一，该混合式教学采用的是线下面授教学与线上网络教学相结合的形式，因此既具有线下面授教学的教学效率优势，也具备线上网络教学认知丰富、思考空间广阔、手段多样、呈现精彩、适时记录、综合评价等现代教育的特点。混合式教学是在保留传统教学优势、弥补传统教学劣势的基础上发展起来的。而融合认知工具的初中数学系列化主题活动混合式教学是在普通混合式教学的基础上，结合初中数学教学的特质并在实践的基础上进一步提炼与发展出来的。之前长期的教育实践已经表明，传统的班级授课制对保证教学效果、提高教学效率、促进学生的人文交流有着重要作用。但是随着时代的发展，教育也要不断进步，将传统课堂教学对照学生现代化核心素养培养要求来看，其不足也是明显的，典型的就是学生在教学中处于被动接收说教和刻板掌握书本知识的地位，难以发挥学习的主动性、创造性，难以建立对数学的情感态度与价值观，教师面对统一的教学

---

① 林玲. 初中数学学科核心素养的认识与培养［J］. 当代教研论丛，2018（2）.

要求很难做到因材施教，学生的个性化学习无法实现。而混合式教学由于加入了网络教学和数字"云"教育元素，可以有效地弥补上述单纯传统课堂教学中的短板，有利于学生自主学习。在借助数字"云"教育弥补学生个性发展短板的同时，混合式教学并不排斥传统课堂授课，这使传统教学的优势能够得到更好的发挥。课前，学生通过先期对线上课程任务的准备，在自身已有数学知识经验的基础上，建立对新知识技能的基本认知与理解；课中，教师利用宝贵的有限课堂学习时间，针对知识重难点高效授课，帮助学生建立科学完整的知识结构和技能系统，保障教学质量和效率；课后，混合式教学能够凭借网络教学以及教育"云"平台帮助学生应用知识解决问题，拓展自主学习空间，进行深化学习。

第二，以系列化主题活动为教学中心线的线上教学与线下教学有机融合。融合认知工具的初中数学系列化主题活动混合式教学包括线上网络教学和线下面授教学，这两部分都是教学的有机组成部分，在整个教学过程中扮演不同的角色，共同促进学生的全面发展。需要特别强调的是，如果仅仅将线上教学和线下教学进行简单的叠加，是远远不够的，以往有一种偏颇的理解认为，所谓线上教学就是借助网络，教师将自己的课程资源以及在教学过程中新形成的教学材料上传到教育"云"平台，供学生适时使用和学习就可以了。在这种片面理解下，也有一些教学平台在网络上建设了课程资源体系，供师生使用，并将这样的网上资源建设等同于线上教学，其实这样的资料上传和网上资源建设只是线上教学的一个方面。如果只是将书本上的知识搬到网络资源库中，并在教学中仅仅让学生面对这样的资源，实际上就是除了纸质书之外又增加了一本电子书而已，这样的"资源搬家"显然是没有革新意义和实际教学吸引力的，大多数教师和学生面对这种堆砌式教学资源库，感叹缺乏有意义的资源可用。其实，电子书库式的资源只是网络教学资源的一部分，在融合认知工具的初中数学系列化主题活动混合式教学中，这样的资源只起到认知知识和方便查阅的功能。学生在混合式学习中所感兴趣的一定是具有挑战性的数学活动与任务。这一方面，网络游戏带给网络教育很大的启发，很多人对网络游戏上瘾，其原因除了网络游戏设计了精彩的场景和界面之外，更重要的是网络游戏的任务完成、挑战过程、角色扮演、同伴合作、实时反馈、评价奖励等要素。在虚拟的网络游戏中，以上要素紧紧地抓住了现实中的用户，使之被任务牵引、被挑战激发、被合作协同、被评价吸引，以致很多人欲罢不能，甚至有人到了要戒除网瘾的地步。

在前期大量的线上教学活动中，已经证明了"平面化直播式网络教学"很不受学生欢迎，也是教师不认可的线上教学模式。反思网络教学，看看是否可以有效借鉴一下网络游戏令人着迷的那些要素，将其运用到具有网络元素的线上线下混合式教学中，构建适应数字化信息时代学生的学习心理和需求、真正能吸引学生的教学方法和模式，让"要我学"真正转变为"我要学"。具有挑战性、任务性的初中数学线上线下混合式教学就可以让学生眼前一亮，激发其好奇心，在有共同目标的任务与活动教学中，师生、生生积极互动，教师的讲授激情和学生的学习热情都会提高，这样的混合式教学才会受到师生的普遍好评，如图 2-2 所示。

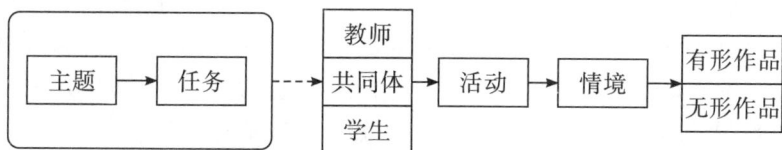

图 2-2 混合式教学中的共同体活动结构

第三，教学实际中的班级授课制需要面授教学，所以必须规定上课时间和固定统一授课空间，但传统的面授课堂由于采用班级授课制，无法满足不同学生的个性化学习需求，存在忽略学生个体差异的缺点。进入移动网络互联后，教育开启了"云"时代，传统教学到了必须改革的地步，运用数字"云"教育技术，进行线上线下混合式教学，尤其是线上教学部分可以具有学习时间和空间的分离性，学生在网络空间内和教育"云"平台上完全可以做到个性化学习和探究。脱离了固定时间和空间约束，原来固化的学习可以根据需要，增加灵活性和自由度，教师可以有针对性地制订学生的个性化学习方案，学生也可以根据自己的实际状况随时通过网络访问教育"云"平台进行学习，教师的教学变得更加有诊断力和针对性，学生能够根据实际情况让自己的学习内容和方式变得更具自主性。因为混合式教学具有先期预备和组织阶段，在课堂面授之前，学生可以根据教师提供的各类预习材料进行独立预习，所以混合式教学的方向性和组织性很强。在课堂面授过程中，学生根据自己在课前预习阶段遇到的问题进行提问，教师集中解答或者进行个别指导，集中力量和时间解决教学重点、难点、疑点。在高效教学和重点解答的基础上，线下面授教学效率有了进一步提高。在更加完整的教学中，教师还可以对所涉及的整体数学知识体系进行总结归纳，帮助学生建构完整的知识体系，使数学学习更具有整体观。这样有针对性的混合式教学保证了教学的高效性，同时教学所具有的整体性又避免了网络知识碎片化的缺陷。在混合式教学结束后，学生可以根据自己的掌握程度，随时在教育"云"平台上重复观看重点和难点内容进行复习、查漏补缺，或是拓展钻研、深化学习。

第四，在引入数学认知工具后，以系列化主题活动为中心的混合式教学可以实现深度学习。在数学传统课堂教学中，教学时间是有限的，基础知识和深化学习难以集中在同一时间进行，一天的教学时间被不同的学科按照教学计划分割，这种分割对于知识的基本掌握是有利的，但是对于深入思考和深度学习而言就显得不足，数学学习因其学科本身的特质，尤其是逻辑递进和抽象演绎特性，是一个由浅入深、由此及彼的过程，数学的深化学习要在掌握基本知识的基础上经过连续思考才可以做到。数学课堂教学时间是十分有限的，传统课堂中，教师往往将宝贵的时间用在基础学习之上，对于更需要教师指导的深层思考则显得有心无力。融合认知工具的混合式教学能够有效解决这一问题，混合式教学将基础知识学习放在课前，由学生自主独立进行，既能够培养学生自我管理和自主学习的能力，又能够有效分担数学课堂教学中的压力。在面授课堂中，教师可以将教学重心放在知识的重难点突破和数学思维方法的建立上，着力发展学生发现问题的观察力、分析问题的思维力、综合应用数学知识解决问题的探究力等数学核心素养，这才是融合认知工具的初中数学系列化主题活动混合式教学的价值所在。另外，在混合式教学的课前、课中、课后，学生的学习都由教师指导、监控，这样就使深度学习有了时间上的保证，而且在混合式教学过程中融合了数学认知工具，围绕数学活动实施主题进行项目式教学，有效增加了数学学习的深度和效度。

第五，在教育"云"的支持下，高效的综合与差异化评价成为可能。混合式教学的优势还表现在差异化评价上，基于混合式教学理念而建立的评价体系能够有效满足不同层次学生的发展需要。有学习就必须有评价，而个性化学习一定要配合差异化评价。在以往的教学中，因为工作量太大，提出差异化评价是不现实的，教师没有时间也没有精力完成细节性和过程性的评价工作。混合式教学的技术背景是网络教学和教育"云"平台，一部分教学管理过程借由网络教学和教育"云"平台轻松实现。教师能够对学生的整个学习过程进行实时的、连续的监测，学生的学习细节和过程的记录由教育"云"平台自动完成。因此，混合式教学评价体系能够差别化服务于每个学生个体，利用过程性评价和终结性评价就可以综合、客观地判断学生数学核心素养的发展状况。

第二节　理论基础

理论是研究的基石，理论依据可以用系统的观点将相互关联的概念有机组织在一起并预测研究的正确方向，合理解释过程和现象。初中数学混合式教学是一个实验性的新领域，融合认知工具的初中数学系列化主题活动混合式教学更是一个新课题，研究还处于探索阶段。为了创造性地研究融合认知工具的初中数学系列化主题活动混合式教学模式与教学设计技术，需要系统的支持理论作为基础。本研究的主要理论基础是建构主义理论、分布式认知理论等。

一、建构主义理论

建构主义理论是认知心理学派的一个重要分支，其代表人物主要有皮亚杰、维果斯基等。建构主义理论的基本观点是，认知个体在其与周围环境相互作用的过程中，逐步建构起关于外部世界的知识体系，从而使自身认知结构得到发展。认知个体与环境的相互作用涉及两个基本过程：同化与顺应。同化是指把外部环境中的有关信息吸收进来并结合到认知个体已有的认知结构中，即个体把外界刺激所提供的信息整合到自己原有认知结构内的过程。顺应是指外部环境发生变化而原有认知结构无法同化新环境提供的信息时，所引起的认知个体的认知结构发生重组与改造的过程，即认知个体的认知结构因外部刺激影响而发生改变的过程。可见，同化是认知结构数量的扩充（图式扩充），而顺应是认知结构性质的改变（图式改变）。认知个体通过同化与顺应这两种形式，达到与周围环境的平衡：当认知个体能用现有图式去同化新信息时，认知个体处于一种平衡的认知状态；当现有图式不能同化新信息时，平衡即被破坏，而修改或创造新图式（顺应）的过程就是寻找新平衡的过程。认知个体的认知结构就是通过同化与顺应过程逐步建构起来，并在"平衡—不平衡—新的平衡"的循环中不断丰富、提高和发展。这就是皮亚杰关于建构主义的基本观点。

在建构主义基本观点上，我们可以认为数学并非任意创建出来的，而是从人类社会实践中总结、创造出来的一套关于客观世界数量关系与空间形式的知识，它需要通过人们自身的数学活动，从已有的数学对象及关系中产生。建构主义重视知识的动态性生成与成长，强调学习是学生在一定的情境下，通过教师的帮助，以自有方式主动地建构起对事物理解的过程，再借由协作交流使学生对知识的理解更加丰富和全面。虽然学生要学的数学是前人已经建造好的，但对学生来说仍是全新与未知的，需要学生再现类似的创造过程。在学习过程中，学生是用个性化活动对人类已有数学知识建构起自己的正确理解，学生获得知识的质量不取决于教师讲授和学生背诵，教师讲授对学生掌握知识有一定的帮助，但起决定作用的是学生根据自身经验去建构有关知识意义的能力。学生的学习过程不是单纯地吸收课本上或教师叙述的现成的结论，而是学生亲自参与丰富生动的概念活动或思维活动的组织过程。学生应从数学现实出发，在教师的帮助下自己动手、动脑"做数学"，用观察、模仿、实验、猜想等手段收集材料，获得体验，并进行类比、分析、归纳，渐渐达到数学知识的严格化和形式化。

在建构主义支持的教学关系中，教师和学生的角色及其作用与传统行为训练教学相比较，发生了巨大的改变。建构主义教学观提倡在教师的指导下，以学生为中心，教师被看作意义建构的帮助者、促进者，而不是知识的灌输者；学生是学习信息加工的主体、意义建构的主动者，而不是知识的被动接收者和被填灌对象。需要指出的是，建构主义教学观虽然非常重视学生的学习主体地位和自我发展，但是也不否认外部引导，亦即教师的影响作用，认为教师从传统的传递知识的权威转变为学生学习的辅导者，成为学生学习的高级伙伴或合作者。建构主义教学观既强调学生的认知主体地位，又不忽视教师的主导作用，这也是目前教育界大多数学者支持的教学观点。

建构主义理论进一步认为，由于经验背景不同，学生的差异不可避免，学生对问题的看法和理解也经常是千差万别的。这就有必要组建一个学习共同体，在学习共同体中，这些差异本身就是一种宝贵的现象资源，师生、生生之间需要共同针对一些问题进行探索，并在探索的过程中相互交流和质疑，了解彼此的想法。教学中教师应给学生提供真实且有一定复杂度的问题情境，学习共同体在发现或开发问题情境中，自然会创设有动能的学习环境，学生在这种环境中可以通过实验、独立探究、合作交流来开展学习。学生对问题的分析认识会有多重观点，复杂问题的解决也就有多种方案，这显然与创造性活动教学宗旨紧密吻合。

随着移动互联教育时代的到来，中山大学王竹立教授基于网络时代提出了新建构主义学习理论，认为网络时代人们获取知识又出现了碎片化、去中心化、生成性、半衰期这四个新特征。与之相适应，该理论认为教学也应加入分享、协作、探究、零存整取这四个关键要素。在网络时代新建构主义学习理论的指导下，混合式教学可以合理地设计为三个阶段，混合式教学的第一阶段为课前线上预习阶段。简单知识的学习可以放在这个阶段，学生可以通过课前的线上学习进行自主预习，并针对教师给出的数学活动做先期准备。由于混合式教学借助网络教学平台，并融合数学认知工具和教师的支持，学生学习是在教师主导下自主进行的，因此具有较高的积极性，而积极学习是学生成为学习主人的基础。混合式教学的第二阶段是面授教学阶段，也就是课堂教学阶段，教师不必再将时间花费在重复讲述浅显的基础知识上，而是可以有针对性地对教学重难点进行深入处理，集中解决学生课前线上学习和活动中所遇到的问题与困难，并让学生在课堂中展开数学活动，就问题开展探究与协作、分享与交流、形成与内化，在有意义的活动中建构知识，极大地提高课堂效率及个性化学习效果。混合式教学的第三阶段是课后阶段，让学生通过网络进行个性化学习、自主学习，最终学生在教师的帮助下建构知识体系，实现学生解决问题能力和数学核心素养的提升。①

在新建构主义学习理论的支持下，融合数学认知工具并以系列化主题活动为中心的初中数学混合式教学应具有以下特点：①学习的能动性。在混合式教学过程中，学生的角色是具有能动作用的信息建构者。教师要尊重学生的学习主体地位与已有的经验，引导学生将知识与自身已有的经验相结合，形成自己的理解，

---

① 李露露. 初中数学混合式教学的应用与实践［D］. 济南：山东师范大学，2019.

让学生充分利用自身已有的知识经验对新知识进行同化、顺应，使学习变得具有主动建构性。②学习的活动性。混合式教学的线上、线下教学在系列化主题活动中更具有活动性。数学学习借助认知工具在数学活动的具体情境中进行，在数学活动的舞台上可以有效促进师生之间的交流互动，并在线上和线下多种交流互动中共同达成教学目标和深化学习任务。③学习的情境性。数学知识学习存在于具体情境的教学活动中，探究知识结果的同时，深入触及数学知识的发生与发展过程，掌握数学知识在现实生活中的应用。④学习的阶段性。在混合式教学中，学生根据教师提供的活动方案及学习素材，完成课前准备，在前期预习中基本掌握简单的数学知识，课中则是对重点、难点的深化学习，并尝试运用知识合理解决数学活动中的问题。在课后阶段，教师通过网络实施个性化评价和差异化教学，学生在构建知识系统与提升综合应用能力的同时进行自主化个性学习。

二、分布式认知理论

分布式认知理论由赫钦斯于 20 世纪 80 年代中后期提出，分布式认知理论借鉴认知科学、文化心理学、社会学、计算机科学等学科对认知的相关研究，通过对自然工作场景中认知现象的研究，提出新的人类认知图景。在传统的个体内部信息加工认知观点的基础上，分布式认知关注发生于"拓展的认知系统"中的认知过程，认为认知本性是分布式的，认知现象不仅包括个体头脑中所发生的认知活动，还涉及人与人之间以及人与技术工具之间通过交互实现某一认知活动的过程，认知活动不仅依赖于认知主体，还涉及其他认知个体、认知对象、认知工具、认知环境等因素。[①]

分布式认知理论作为现代学习理论，成为变革学习的又一理论基础与框架。因此，对于分布式认知理论的研究对改变传统的教育与学习方式具有重要作用。分布式认知理论主要包括以下要点：

（1）认知具有整体性和系统性。传统认知强调个体认知，把社会及文化背景排除在外，以个体作为分析单元，认知过程就是个体头脑中的内部活动过程；而分布式认知考虑到参与认知活动的全部要素，将认知理解为系统认知。系统中各组成要素的交流、信息共享及相互依赖成为分布式认知的条件。

（2）认知具有分布性。分布式认知将研究视角从对个人头脑中进行的认知转向对学习关系体中参与认知活动的学习个人的研究。学习关系体以交互方式塑造了学生个体或者学习群体参与系统化认知工作，认知要在"关系中学"，学习的目的不仅仅是掌握知识，更重要的是学会学习，增强元认知能力。

① 毕海滨. 基于认知工具的数学实验教学研究：信息技术与中学数学课程整合的新方法［M］. 北京：北京邮电大学出版社，2013.

（3）认知的要素之间具有交互作用。分布式认知确定了人和认知工具以及技术系统之间相互依赖与交流，而这正是传统认知理论经常忽视的。分布式认知理论继承和使用了传统认知理论的诸多合理要素，并把它们应用于更大的认知系统，用来描述为了完成某个特定的任务，人与人之间以及使用认知工具过程中所发生的交互过程。分布式认知理论通过分析个体、群体、认知工具等要素的交互活动来解释认知现象。

（4）强调认知工具对学生知识内化与技能发展的作用。分布式认知非常重视认知工具的使用，认为认知存在于学习个体或者群体以及认知工具的使用中，认知的活动方式是"个体/群体＋认知工具"，并且认知工具在应用时拓展了人的智能，还能分担学生的认知负荷，提供认知给养，而且它是越来越丰富的认知给养之源。使用认知工具让人变得更有智慧，完成任务更有效率。人在使用认知工具过程中会产生认知留存现象，有助于发展学生的元认知能力。这种观点在数学软件的辅助认知上得到了很好的证明，例如动态数学软件"几何画板"在学生学习数学过程中提供持续的元认知指导。在学生使用这个认知工具的同时，工具所提供的指导会让数学关系动态外显，方便学生更准确、更形象地理解数学知识的内涵，并可将探究过程内化为学生的数学元认知，很大程度上改善或提高学生的数学认知能力，产生认知留存。

（5）数学信息与"云"教育技术为分布式交互和协作以及信息共享提供了可实现平台。赫钦斯认为交流是分布式认知的必备条件，个体知识只有通过和他人的交互，把认知知识可视化并与团体分享，才能形成共享的信息的集聚效应。分布式认知强调一个认知协作共同体要共享相应的信息，要求在系统的各要素之间也要共享认知活动，这是进行协作学习的基础，也是学习协作体在认知过程中必须建立起的认知情境，并作为任务完成的基础。随着网络技术的迅猛发展以及教育"云"平台的建立，以往妨碍复杂信息交流共享的技术问题逐渐消失，之前混合式教学中线上交互的操作难度被一步步降低，现在线上海量信息的轻松交流已经成为现实，平台界面越来越人性化和友好，网络畅想和交互成为混合式教学的优势。

分布式认知理论对学生数学学习具有重要的启示。在此意义上，融合认知工具并以系列化主题活动为中心的初中数学混合式教学强调数学学习过程不仅要注重个体内部的知识网络建构，即个人与已有知识结构的内部自我建构作用，还要重视学生个体与他人、数学认知工具、直观教具等外部知识表征的交互作用。因此，基于数学知识表征的数学认知工具设计对减轻学生的认知负荷，增加认知的广度、强度与深度具有重要作用。在学习活动过程中，认知工具成为认知活动的一个重要因素，认知工具本身就是分布式认知系统的有机组成部分，可以对认知活动起到指引、增强和组织作用，学生与认知工具可以形成和谐的整体，各自发挥认知功能优势，更好地实现认知活动的物质性与社会性延伸。

三、活动认知是建构主义理论与分布式认知理论的共同点

在分析建构主义理论与分布式认知理论之后，很明显可以找到这两种理论的共识。国际上将建构主义概括出六种主要类型，分别是激进建构主义、社会建构主义、社会建构论、社会文化认知观、信息加工建构主义和控制系统论。其中与分布式认知理论联系最为紧密的是社会建构主义理论。维果斯基的心理发展理论中有关"意义的产生""认知发展工具"和"最近发展区"的观点为社会建构主义发展奠定了基础。社会建构主义理论进一步认为个体在社会文化背景下，在与他人的互动活动中，主动建构个性化认知与知识体系。社会建构主义理论把学习看成个体自己建构的过程，但它更关注这一建构过程中社会性的一面，认为个体与社会是相互联系、密不可分的，人的心理形成被看成社会情境与活动的一部分，即在社会情境与活动中"有意义的社会建构"。学习只有当个人建构的主观意义和理论跟社会和物质世界"相适应"时，才有可能得到发展。文化和社会情境在学生的认知发展中起到巨大的作用，文化与社会向学生提供认知工具以满足他们的发展需要，这些工具的类型与性质决定了学生发展的方式和速度。分布式认知理论有其自身独立的观点体系，但也与建构主义理论有着千丝万缕的联系，结合分布式认知理论和社会建构主义理论的学术观点，不难发现它们有一个突出的共同点，就是都认为有意义的认知活动是理解人类认知工作和实践的有用框架，有意识的学习和活动是完全相互作用和相互依靠的，人的认知发展是在完成某种活动的过程中实现的，即人在活动过程中对经验的掌握促进了人的认知发展。

在建构主义理论与分布式认知理论的共同视角下，学生在认知过程中就必须重视活动的重要作用。在混合式教学中，教师更要给予学生丰富的认知活动体验，并注意把握有意义的系统化认知活动所具有的五个特征：一是以集体性、制品中介、对象导向的活动系统为单元，同时与其他活动系统加以关联；二是注重活动系统中多重声音和多种解决方案；三是注重活动系统的历史性，即从活动自身的历史中探寻活动的问题和潜能；四是关注矛盾，这是变革和发展的源泉；五是活动系统在发展中可以进行拓展，成员在矛盾出现时能进行反思和寻求改变，从而推进整个系统质的转换。①

---

① 蒲倩. 分布式认知理论与实践研究［D］. 上海：华东师范大学，2011.

第三章　融合认知工具的初中数学混合式
教学的构建与实施

　　教育技术在一定程度上制约着教学模式的发展，传统课堂教学模式就带有明显的工业化时代大规模生产模式的烙印，即要求全体学生坐在同一个教室中，听着同一个教师上课，使用统一的教材，达到统一的标准。进入数字化信息时代后，虽然这样的教学模式已经显现出种种不适应，并与时代要求的人才培养目标之间差距越来越大，但在教育特有的惯性下，目前还是采用主流教学模式。虽然在多年日益高涨的教育改革呼声下，教师在课堂新颖性及亲和度上做了巨大的努力，可就其课堂教学本质而言，仍是旧有模式。陈旧教育模式与网络时代人才培养之间存在矛盾，正如著名的"乔布斯之问"——"为什么计算机改变了几乎所有领域，却唯独对学校教育的影响小得令人吃惊？"最大限度地发掘学生自身原有动力和天分是教育的最高境界，毫无疑问，在传统课堂教学中，这一教育境界是很难企及的。随着信息化、大数据甚至是人工智能时代的到来，数学教学与现代信息技术融合将是一个必然趋势。这样的趋势必然带来相应的改革，而改革必须找到关键点和突破口。之前，传统模式下的课堂教学改革有两个明显难点：一是优质教育资源分配受到时空的限制；二是获取和分析教育过程中的数据成本巨大。这两点在教育技术迅猛发展的今天已经有条件得到有效解决，在教育"云"的支持下，个性化教育逐渐成为现实。数学课堂教学要适应教育"云"和大数据技术的发展，现有教学模式和方式必将革新。网络大数据时代的教育必须要运用信息化方式将多种教学方式整合到一起，取长补短，优化数学课堂教学结构，提高数学课堂教学效率，并在教育"云"的支持下，有效地进行分层教学，有针对性地设计数学活动，特别是有利于个性化学习的数学活动，充分发挥大数据和教育"云"在教学质量监测方面的优势，及时了解每一个学生的实际能力，精准找出学生在学习中存在的问题，发掘学生的潜能，适时进行教学和学习活动调整，帮助学生提高学习积极性，有效进行个性化学习。

第一节　融合认知工具的初中数学混合式教学的构建

在建构主义理论和分布式认知理论的基础上建立融合认知工具的初中数学混合式教学结构框架，该教学结构框架下的教学特别强调以学生为学习主体，是知识意义的主动建构者，学生在系列化主题活动情境下通过协作、讨论、交流，并借助必要的数学认知工具和信息资源主动建构数学知识体系，提升数学核心素养。在活动过程中，教师不是"主播"，而是混合式教学的主导、组织者、指导者，以及学生主动建构意义的帮助者、促进者。事实证明，在教学结构中，教师为主导和学生为主体两个方面必须是协调的，教学必须是平衡的，过于强调教师的"教"而忽视学生学习主体地位，教学就会陷入"线上教学直播"的无效和尴尬中；过于强调学生的"学"而忽视教师主导作用的发挥，学生自主学习自由度过大，教学容易偏离目标要求，则教学效率低下，教学效果反而下降。何克抗教授提出的"主导与主体"教学结构理论认为，建构主义中以"学"为主的学理论与行为主义中以"教"为中心的教理论都具有合理性成分，应充分吸取这两种理论的优点，进行系统平衡和有机融合，生成新的初中数学混合式教学模式，并在该模式中借助认知工具，充分兼顾教学质量和教学效率两个教学要素，使新的初中数学混合式教学模式既符合时代潮流又具有现实教学的可操作性。新的初中数学混合式教学模式具有以下特征：

第一，教师在混合式教学活动中既是主动的施教者和教学过程的组织者、指导者，又是学生主动建构意义的帮助者、促进者，还是学生良好情操的培育者，并且能在技术的帮助下监控整个教学活动的进程。

第二，学生既是信息加工的主体、知识意义的主动建构者，又是数学知识认知过程中情感体验的主体。

第三，网络教学支持系统和教育"云"平台，尤其是数学认知工具既是辅助教师突破知识重点、难点的形象化教学工具，又是促进学生自主学习、主动探究、主动发现的认知工具以及协作与情感激励的交流工具。

第四，教材不是学生唯一的学习内容和知识来源，在线上线下混合式教学中，通过教师指导、自主学习与协作交流，学生可以从多种学习对象和多种教学资源中学习与教材相关并且比教材丰富得多的内容，并获取远远超出教师讲授范围的深层知识。

在网络环境中，教育"云"平台上融合认知工具的初中数学混合式教学模式分为线上和线下两个教学部分，为了将这两个部分有机整合到一个教学系统中，教学以系列化主题活动为中心开展，线上教学和线下教学都围绕着系列化主题活动递进展开，同时为了更有探究性、更高效地开展数学活动，教学系统中有必要融合数学认知工具，让学生有多种机会在不同的情境下发现知识，探索并解决问题。数学认知工具和学习环境的创设、教学活动的设计要充分考虑和分析学生的需求与认知风格及其所具有的认知基础，这是数学活动顺利和有效开展的基础，也是尊重学生的学习主体地位的具体体现。通过合理运用数学认知工具、优化学习环境、创设数学活动来有效提高混合式教学中作为学习主体的学生的学习主动性、积极性与创造性。无论是在线上教学还是在线下教学中，教师都要起到主导作用，这种主导作用不是替代学生思考，而是创设数学学习环境、设计数学活动、激发学习动机、帮助学生合理使用认知工具、组织学习过程、解决数学问题等，即教师要促进学生针对具体的数学学习内容进行独立探索与思考，增加思维广度和深度。同时，发挥教师在启发、引导、监控教学过程中的主导作用可以有效避免浪费时间与精力，提高数学学习活动效率、效果与效益。

融合认知工具的初中数学混合式教学模式教学设计将混合式教学过程的各个环节在教学实施之初就加以规范。按照教学形式的不同，主要考虑两个方面的教学设计，也就是线上教学设计和线下教学设计。具体教学环节设计参照了目前国内比较成熟的混合式教学设计，也划分为三个环节，分别为前端分析设计、课中活动与资源分析设计、课后评价分析设计。具体设计要求体现为：

在前端分析设计环节中，一是要对学生的学习情况进行具体分析，包括学生的理解与接受能力、学习习惯等；二是要确定具体的教学目标；三是要考虑混合式学习的实施环境，尤其是技术支持环境，为下一步顺利进行线上和线下教学活动做好准备。

在课中活动与资源分析设计环节中，一是要设计教学与活动目标；二是要考虑达成这些教学目标需要用到哪些活动和资源以及数学活动策略与控制。

在课后评价分析设计环节中，一是要体现活动的多元性评价特征；二是除常规测试评价外，还要从核心素养的角度对学生的情感态度、活动组织等方面展开评价，以及对知识系统体系建构进行评价。

混合式教学设计除了进行教学环节设计外，还需要考虑初中教学实际内容的设计，根据数学教学目标与培养核心素养的需要，结合教师教学经验与学生学习情况，宜对互动性要求高的、活动性突出的初中数学教学单元进行系统性混合式教学设计。

融合认知工具的初中数学系列化主题活动混合式教学设计流程，如图 3 - 1 所示。

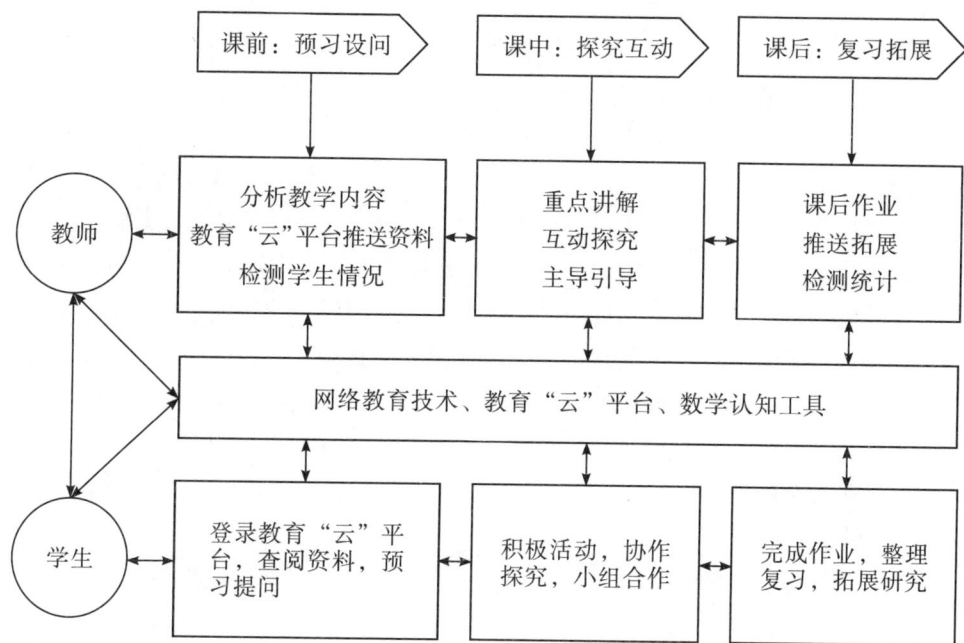

图 3-1　融合认知工具的初中数学系列化主题活动混合式教学设计流程

一、数学活动型混合式教学的教学资源支持

在普遍意义的混合式教学基础上，经过大量网络教育实践探索、案例研究与分析，结合初中数学学科特点，可以肯定，在网络环境下的初中数学混合式教学构建中，需要特别强调融合认知工具的数学活动设计的重要性。

在抗疫前期大规模网络教学实践探索中，有很多网络教学的效果是不理想的，其中一个重要原因即教师对网络教学中教学资源设计的失败。很多网络教学都以单一教材作为网上课程教学资源，最多对教材资源进行多媒体化呈现，也就是在课本文字内容中加入一些动画、声音等多媒体表现效果，使内容呈现多了一些形式。例如，许多数学教师的网络教学资源设计就是将课本内容做成微课视频、PPT 课件、电子教案、电子题库等放在网络上，方便教师在网络上点击使用。教学资源最终是面向学生的，可是学生感觉这些教学资源无非就是将纸质书变成"电子书"，而且在电脑上观看这些教学资源还没有看书舒服。所有这类教学资源对于初中数学混合式教学来说是比较低层次的，因为上述资源设计工作无非是将纸质教材上的内容进行电子化和多媒体化，最多在表现形式上增加一些形象化元素，所起到的教学作用还停留在静态知识单向传递与接受上。当然，多媒体化的教学资源在数学知识的传授层面上是有作用的，教师确实可以将典型的数学知识或者题目录制成微课，方便学生反复观看，强化学生对知识的记忆。但这些资源对灵活数学思维的建立及解决问题能力的提升没有太大的帮助，更谈不上数学深化学习和情感态度培养，时间一久，学生对这类书本"搬家式"的资源也一定会感到厌倦。在实践中发现，相较于静态知识再现型资源，学生更感兴趣的是具有挑战性并可以生动体现数学知识生成与发展的活动型资源，运用活动型资源并辅以认知工具，学生可以在数学活动中主动应对挑战，解决问题，始终保持探究兴趣。例如，学生在掌握类似于"几何画板"的动态数学软件的使用方法后，师生可以借助"几何画板"软件在线上网络教学中互动，建立虚拟数学实验室共同探究一个问题，形成一个几何学习探究项目，这种融合数学认知工具的活动型混合式教学，不但能将抽象数学知识变得直观形象，学生易理解，而且学生在活动性强、形式多样、启发思维效果显著的教学资源中带着求知欲和好奇心学习数学，教学目标自然可以高效达成，同时将掌握基础知识与基本技能（以下简称"双基"）延伸为深度学习。

二、以活动课堂为混合式教学的主体方式

长期以来，数学课堂教学主要依赖教材，致使教学内容单一、枯燥和抽象。传统教学模式是"先教后学"，在没有教师辅导的情况下，学生很难自主学习。慕课教学方式引进国内后，"翻转课堂"出现了"先学后教"模式，新颖的教学模式给了课堂教学改革新的启发，即课前学生通过观看微课视频进行知识点预习，课中教师则讲解重点，指导学生实现"内化知识、拓展能力"。经过有益的教学探索后，在网络技术的支持下结合"翻转课堂"教学经验，混合式教学模式开始"崭露头角"。线上教学与线下教学结合的混合式教学模式在教育实践中显现出时代先进性和学生认知的合理性，能够充分保障学生学习主体地位和较好地体现自主、合作、探究学习，其成为很有教育实践价值的新型教学模式。目前，混合式教学充分借鉴"翻转课堂"教学方式，借助教育"云"平台，在培养学生核心素养层面上对传统教学模式进行改革，可以有效突破数学传统课堂教学中的瓶颈，在保证教学效率的同时，提升数学学习质量。

混合式教学与传统课堂相比较，形式上最明显的是加入了线上教学和"翻转课堂"要素，经过教学实践获得广泛认可。学生借助移动智能终端或者网络平台破除时空局限学习，同时混合式教学也继承了传统课堂面对面教学的优势。从学生角度看，线下面授教学可以让学生在教师的指导下更专注于重点问题的解决，教师选择知识重难点部分留在课堂中面授教学，其他部分由学生利用课前和课后的碎片时间，通过网络平台进行自主学习。学生充分利用碎片时间记下自己的收获、疑惑、感悟等内容，待上课时与教师和同学分享、讨论，学生已经弄明白的简单内容不需要教师再次讲解，课前准备为课堂教学省下宝贵的时间，师生在课堂中可以更好地开展探究性教学活动，有效提高学生数学学习的效率和品质。从

教师角度看，线上教学有益于使教学更灵活，更有广度，线下教学有益于思考钻研和专注发展，更有深度。从教育角度看，无论是线上教学还是线下教学，混合式教学在方式上既保障了学生的学习主体地位，又让教师始终发挥着教学主导作用。在教师的主导作用下，学习是有序、有效率的，避免了以往网络学习过度碎片化和散漫的问题。

通过实践和调查，这种既保留传统课堂优势又赋予学生网络自主学习权的新教学模式，可以有效激发学生的学习热情。但在进一步研究中发现，单纯的"线上线下＋翻转课堂"式教学在学生核心素养培养方面还是有欠缺的，因为单纯的"线上线下＋翻转课堂"式教学仍以知识接受和记忆为主要目的，对学生的数学思维和运用数学知识解决实际问题的能力等方面的培养是不够的，对情感态度与价值观的培养较传统课堂也不具有明显优势。

数学学科教学中既然已经加入网络技术支持，有了新的教学形式，就不应再穿新鞋走老路，还将新教学形式服务于单纯掌握知识。新建立起来的初中数学混合式教学应该在新课程改革教学思想的指导下，在革新教学形式的同时建立起新的教学理念和模式，将数学核心素养的培养作为初中数学混合式教学的目标。在此认识下，初中数学混合式教学模式建构中有必要引入系列化主题活动，让其融入线上线下教学全过程，以其为教学主线来开展线上线下数学教学。这样就将已经比较成熟的线上线下混合式教学加到具有现代数学教育特征的活动平台，在平台上将线上线下教学很好地融合成一个教学有机整体，融入主题内涵的数学活动也给了线上线下教学一个有力的支点，让教学更有操作性。事实证明，教学的可操作性正是一个教学模式可以被师生认可接受的重要指标，就如同传统数学课堂教学至今为广大数学教师所接受，无法放弃，其很大程度上是因为"五步教学法"具有很强的可操作性。

引入数学活动的另一个重要考量是从教育学视角出发的。学习是主动获取知识的过程，这一过程可以使学生行为出现持续性可测量的特异性改变，并且学习过程分为感知信息、认知加工整合、信息输出三个阶段，在感知信息层面上，直接经验主要从"动手实践"中获得，而间接经验更多地通过观察、聆听、阅读理解等方式获取。在认知加工的过程中，重要的是要让学习者做到"眼到""手到"，才能"心到"，"手到"保证"心到"，大脑才会真正地思考，学生思维活动才有一定的深度，才能整合信息、分析问题、解决问题。从以上视角来看，数学教学过程中引入数学活动，不仅可以克服前期网络数学学习中学生兴趣和注意力不足等问题，还可以让数学活动有效吸引学生，让学生的数学学习在教师的主导和主题活动的牵引下不断向更深、更广的方面发展。

最后从数学教育视角来看，有效培养学生数学核心素养观才是数学教学要达成的目标。开展数学活动与实验教学是提高学生数学核心素养最有效的途径，因为与数学学习目标构成直接因果关系的是数学活动中项目任务的完成，数学活动项目任务包括两个部分：行为任务描述与认知任务描述。行为任务是可观察的，涉及学生与学生、学生与教师、学生与认知工具之间的相互作用，认知任务则是建立在行为任务的基础上，主要在学生头脑中进行的。[①] 数学活动中，这两个部分的执行情况可以直接决定数学教学目标中知识与技能的生成、过程与方法的实现，以及情感态度与价值观的培养。反过来，数学活动的组织形式、方式方法、过程等要素也围绕教学目标展开，并在数学活动中直接反映数学抽象、逻辑推理、数学建模、数学运算、直观想象、数据分析六个方面的数学核心素养内容。由此可知，数学活动教学项目任务的完成直接指向数学核心素养的培养目标，是核心素养观下的数学学习行为的具体实现。

在明确了初中数学混合式教学要以活动课堂为主体方式后，就需要考虑在线上线下教学过程中加入实施数学活动的策略。线上线下教学中，数学活动的中心是数学教学目标的制定，因此，数学教学目标应当成为数学活动教学实施的前提，并且明确教学目标有助于提高数学活动的效率和效果。数学活动与实验教学都是要在教师的主导下围绕教学目标来设计制定的。在线上线下混合式教学中，要呈现丰富的学习内容与活动信息，教师需要围绕教学目标准备的内容和信息大致可以分为两大类：一类是知识呈现，另一类是数学活动所需要的支持性和工具性信息，其中包括数学认知工具。与无目的上网浏览有本质不同的是，这些内容和信息要围绕教学目标来组织呈现，在教师给予主导性教学资料的背景下，要带领学生弄清楚需开展的学习活动的任务清单，也就是"预习学案＋活动方案"，明确告诉学生在不同阶段中相应的学习内容和活动任务。教师同时要设计好学生需达成的教学目标以及围绕教学目标的系列化主题数学活动，并在各阶段关注学生学习与活动的进程，对学生在过程中所运用的学习方法与活动策略进行指导。这样才能将系列化主题数学活动有计划、有序列地融合到混合式教学的各个阶段。学生在教师的指导下亲自动手、动脑开展数学活动，可促使学生主动学习和探究。因为在数学活动过程中，学生不但动耳、动眼、动脑，更会动手，所以学生会在混合式教学各个阶段中产生一系列作品、成果，或者质疑、思考，学生会将材料提交到教育"云"平台上，这也给教师在混合式教学中对学生进行综合评价与学习质量监控提供了翔实的依据和资料。在混合式教学后期的输出整合阶段，教师可以将学生作品和成果进行展示、总结与反馈，并依托数学活动的开放性鼓励学生做到知识迁移，活动中的知识迁移远比被动听讲中的知识迁移丰富，因为活动中的知识迁移除了数学知识本身的迁移外，还有学科方法的迁移和学习

---

①　毕海滨. 基于认知工具的数学实验教学研究：信息技术与中学数学课程整合的新方法 [M]. 北京：北京邮电大学出版社，2013.

方法及策略的迁移，并在迁移中提高学生的数学元认知。

具体活动教学策略是教师在线上发布学习内容、活动任务和资源材料，学生有目的地浏览并观看教师线上教学，尤其是仔细观看教师的活动分发和操作演示，之后更多的是在线下进行认知加工，在活动方案规范下亲自动手开展数学活动。混合式教学以线下课堂教学方式来完成认知深加工过程，引起学生深入思考的任务一定是以线下为主完成的，这一点为师生所认同。活动教学设计的基本要求如下：①做分析，教师要依据学生的基本情况先进行学情分析，要分析教学内容、学习目标、学生活动效能。②做准备，教师要准备学生需要的学习资源、材料、工具、软件，要准备学生在不同阶段里要完成的活动项目，制作活动台账等。③做开发，以往课堂中是制作课件，而在混合式教学中可能还需要针对不同阶段的情况准备学生所需要完成的学习活动以及对学习评价的相关量规、评价量表等。④做评价，就是针对线上线下教学活动的开展，在实施之前就要考虑到评价，在活动过程中需要收集与评价相关的数据，根据这些数据去修改前面相应的环节。

特别要强调的是，教学不能为了活动而活动。在混合式教学过程中只有需要的时候，才用数学活动或技术实验作为辅助，比如，要解决某个动态数学问题，可以考虑使用动态数学认知软件"几何画板"等通过实验活动来做关键支持，还有在知识系统整理时，可以考虑用思维导图来规范整理活动等。在混合式教学的三个阶段里，数学活动和技术实验不能被滥用，而应有效指导学生合理运用工具，做到在活动中有目的、有效率地完成教学目标，而不是在活动和网络中迷失目标。

第二节　认知工具是混合式教学中数学活动的钥匙

维果斯基在认知理论中提出了认知中介的概念，认知活动中的认知中介可以简单理解为认知活动中认知工具的运用和作用。混合式教学与传统教学相比较，从教学形式上看，最大的不同就是混合式教学整合了传统课堂教学并重新将其规划为线下教学的主要部分，在其外围又增加了通过网络学习进行的线上教学部分。对教师来讲，传统课堂教学是很熟悉的业务，自然在混合式教学中驾驭线下面授教学得心应手，所以教师需要重构与考虑的是如何做好混合式教学中的线上网络教学工作。网络教学技术支持是线上教学的基础支撑性要素，要做好网络环境下融合认知工具的初中数学系列化主题活动混合式教学工作，其中认知中介，也就是认知工具的运用和作用是教师必须认真考量的重要因素，这是实施融合认知工具的初中数学系列化主题活动混合式教学的技术关键。这里所说的认知工具根据功能可以分为两类：一类是用以支持线上网络教学的信息交互工具和平台工具，如教育"云"平台；另一类是辅助数学教学、进行数学知识认知和活动探究的数学专用辅助工具，如动态数学软件、数学资源库和实物工具。

一、用以支持网络教学的信息化认知工具及其运用

在混合式数学教学设计与准备中，明确了数学活动与实验任务后，需要选择和设计能够实现数学活动与实验任务的认知工具。从分布式认知理论观点来看，恰当的认知工具能够科学地减轻学生的认知负荷，便于突破数学教学中的重难点，在增强学生学习效果的同时提高学生数学学习的兴趣，丰富学生的情感态度与价值观。教师在混合式教学之前，要根据不同的教学任务需要选用不同形式的工具和教育"云"平台，因为不同的网络教学支持软件和平台在功能上是有较大差异的，各大公司设计的网络教学支持软件和平台各有千秋、各有侧重。网络教学开展过程中，适合既定教学任务的平台和网络教学支持软件会让教学顺利进行，对教学起到有效支持作用，教学效率自然提高；不适合任务要求的平台和软件会成为网络教学的障碍，使教学质量下降，甚至出现技术性失败，正所谓"工欲善其事，必先利其器"。从技术意义上讲，这也要求现代数学教师要坚持终身学习，不断学习和积累与混合式教学相关的教育技术，与时俱进，要具有较好的现代信息素养，才能在面向未来的数字化教学中站稳脚跟。

"停课不停学"，线上网络教学实践催生了大量性能优秀、使用方便的网络教学支持软件和教育"云"平台，并且它们在海量应用和大数据支持下以极高的效率进行迭代升级，在较短时间内就成熟起来。支持混合式教学的学习管理系统 LMS（具有跟踪学生学习行为、课程管理、交流互动、教学诊断等多种教学实用功能）日趋完善，功能实用、操作便捷、界面友好，越来越被广大师生接受和认可。例如，目前在学校中使用较多的有教育部及各省开发的教育"云"平台、阿里巴巴开发的"钉钉"、腾讯开发的"腾讯课堂"、清华大学开发的"雨课堂"以及超星开发的"超星学习通"等，这些网络教育平台已经成为师生网络教学便捷而有力的技术支持系统。初步统计，现有教育技术支持平台有以下十类：

①网络教学平台型：支持网络教学与办公的软件，利用群聊、音视频会议和扩展程序等集成技术实现同步直播或异步录播教学等多种教学功能，如"国家中小学网络云平台""钉钉"和"腾讯课堂"等。

②通信工具型：为网络教育提供交流互动与通信等的工具，如"微信""QQ""微博"等。

③教学服务型：提供数字化教学环境，具有辅助教师教学工作、数据管理与分析等功能，如"希沃""雨课堂"和"华为云 Classroom"等。

④教学工具型：辅助线上或线下数学教学的工具，实现数学教学中一个或几

个环节的数字化呈现与高效认知，就初中数学来讲，最典型的就是"几何画板""超级画板"和"GeoGebra"等。

⑤公共资源型：提供微课、教材等数字化公共教学资源，如"网易公开课""学堂在线""Books"和人民教育出版社电子教材等。

⑥即时反馈系统：提供网络教学实时评价，如"问卷星"等。

⑦综合辅导型：由在线教育机构自主研发的线上教学平台，集教研教学于一体，为学生提供综合性学习体验，如"作业帮""猿辅导"等。

⑧"云"存储平台：为网络学习提供网络存储，如"360云盘""百度网盘"等。

⑨演示工具：在线上线下教育中展示教育教学信息的软件，如"PowerPoint""Focusky"等。

⑩思维导图与概念图工具：方便快捷的知识系统思维导图绘制软件，如"WPS""百度脑图"等。

在开展混合式教学的前期准备阶段，教师一定要根据教学目标做好学习资料的准备，这是顺利开展混合式教学、不断深化学习所需要的。在进行教学资源准备与开发时，教师应根据教学目标与活动设计方案，开发具有针对性、系统性的教学资源，如授课课件、音视频资源、文本资源、图画展示、实物展示、课前导学、课堂练习、课后作业和问卷反馈等。这样才可以有效引领学生正确运用网络，有效克服网络知识碎片化等缺陷，不让学生在繁杂的信息海洋中感到迷茫。在准备资料和调研学生特点、信息硬件条件等因素后，分析和选择合适的在线教学方式，有针对性地选择合适的技术平台。日趋成熟的教学支持技术软件和教育"云"平台已经在技术层面给予网络"教"与"学"两个方面极大的支持，尤其是在线上教学方面，上述软件和平台从各个方面都能对教学发挥较强的辅助与支撑作用，使教师和学生能更顺畅地协作、交流并进行专业化探究，可以说认知中介的技术障碍逐渐被消除。

在网络认知工具的支持下，目前网络教学常用的方式有以下三类：

第一类是线上直播课堂。这里所说的直播课堂指的是直接将教师讲课过程、课件等发送出去，学生在线观看，这类课堂通常适合班级培训课，以教师主讲、学生听讲为主，师生也可以适当在线交流互动。适合这种教学的平台目前主要有"腾讯课堂""钉钉""雨课堂""ClassIn""Zoom"等。这些平台在大规模在家学习、线上教学实践中得到了检验，成熟度高，迭代迅速，可以很好地满足目前线上直播课堂的技术需要。

第二类是异步录播课堂。录播课堂和直播课堂类似，但是教师的讲课视频可以提前录好放在网络平台上，学生可以随时随地点播学习。这种方式的互动性弱一些，学生的临场感也会差一些，需要学生具有比较好的自觉性，如果教学内容精彩，这样的方式就会受欢迎。另外对于教师来说，异步录播课堂的好处是比较容易操作，可以把过去录制的资源整合利用起来，教学资源可不断整合、提高质量。上述适合同步直播教学的众多平台也可以很好地支持录播教学，有时教师还可以结合自己常用的微课录制软件，教学就会更加灵活。此外，"超星学习通"是专门支持异步录播课堂教学的平台，可以直接开展录播教学，上传录播视频，按照课前预习、课中讨论、课后辅导及测试等方式开展全流程网络异步教学。

第三类是在线自主学习。这种方式是研究的重点，教师在同步直播教学和异步录播教学的基础上，以数学活动为主线，让学生上网观看活动微课、查找资料，教师还可以将学习活动资源包和任务清单发送给学生，同时让学生在数学认知工具的辅助下动眼、动耳、动手、动脑，学习领悟数学知识，探究解决数学问题。学生在线自主学习，需要按时完成作业和活动的数学化方案，并在互动群中上传、分享，教师在互动群中检查、交流、讨论、答疑、指导，师生共同发挥作用，保障教学的有效开展。支持在线自主学习的平台有"国家基础教育资源网""腾讯校园"和教育"云"平台等。

但是要特别强调的是，如果教师只是单纯使用这些软件和平台进行"网络直播"式或"电子书"式教学，那是远未达到混合式教学要求的，至多称之为"技术型教学"。"网络直播"式教学最大的问题是缺乏教学互动，而教学互动恰恰是保证教学质量的关键。教师在直播教学中不知何时互动、怎样互动，很少开展线上小组合作，直接导致教学效果很差，事实已经证明网络上的"满堂灌"比课堂上的"满堂灌"效果更差。问题已经显现，解决问题的关键就是要改变网络教学的理念和方式，除了在初中数学混合式教学中成功借鉴"翻转课堂"这样的教学方式之外，还应该在线上线下教学中融合系列化主题数学活动，自然、合理、有序地产生教学互动，有效开展数学混合式教学。融合了数学活动设计后，需要组建混合式教学团队，也就是对学生进行分组，以进行合理的个性化学习，同时必须对学生开展网络教学平台的使用培训，如果在后来的数学活动中要用到数学专业软件，那么还必须让学生比较熟练地掌握数学专业软件的使用。师生都要熟练掌握混合式教学中认知工具的应用，熟练掌握工具对于后面混合式教学的顺利进行和教学活动质量的保障是很重要的，是混合式教学的技术保障。在混合式教学过程中，有必要及时开展在线活动跟踪与质量评估，帮助教师及时调整教学与数学活动策略，利用实时快捷的数字化技术诊断功能，为学生整理出个性化学习与活动报告，为学生在混合式教学中不断深化学习与钻研提供数据支撑。

二、用以支持数学活动的认知工具及其运用

数学认知工具可以划分为物质形态工具和信息形态工具。教材、与数学认知

相关的实物工具等属于物质形态工具，这类认知工具以简单、实用为特征，例如，简简单单的三角板就可以被设计成具有丰富数学内涵的数学认知工具，这在后文中会详细讲述。数学软件、数学信息资源等属于信息形态工具，这类认知工具能够对数学知识进行准确、深入的可视化表征，甚至能够精准解析数学认知过程，极大地促进学生深层数学知识的建构，典型的有"几何画板""超级画板""GeoGebra"等智能数学软件。无论是信息形态工具还是物质形态工具，它们都是用来表征数学知识的，它们在混合式教学中对初中阶段数学知识的学习和数学活动的探究起到更好的辅助作用。在数学核心素养的培养要求下，数学认知工具必然进入数学教育中，其在教学中的作用也必然引起初中数学课堂教学结构各要素功能的变化。传统数学演绎式的课堂教学模式需要通过融合数学认知工具的活动加以整合与改造，在活动中会将以往呈现于纸质教材上静态单维的数学知识动态化，让单维知识结构转化为多维网状知识结构，以适应学生的认知方式，这是数学认知工具可以实现的教育功能。

分布式认知理论从理论层面上肯定了数学知识的获取需要由学生使用工具作中介，学生为达到既定的学习目标，要运用合适的工具加工表征数学中的有关概念、定理、公理、法则、性质等。数学认知工具既是学生通过数学活动进行有效认知的中介手段，又是参与认知活动并在其中担负一定认知功能的要件。它有两个基本特性：一是中介特性，学生通过数学认知工具与数学活动进行互动，更好地获取、加工和建构知识；二是认知特性，数学认知工具延伸和拓展了学生的数学认知能力，提升了数学元认知，学生与数学认知工具之间进行了合适的认知分工，形成认知伙伴关系，在数学认知工具的辅助下完成特定认知任务。认识到这两个基本特性，就可以理解数学认知工具与教学模式、学习方式之间的关系：一方面，数学认知工具对具体数学学习和教育形态有一定的技术决定作用，数学认知工具的进化推动了数学学习和教育方式的发展，例如，现代信息技术的发展催生了众多优秀的数学专业化辅助教学软硬件工具，并倒逼了数学教育理论和教学模式的革新；另一方面，认知工具只有适应现实的学习环境和教育文化，才能被师生欣然接受，并在使用中得到积极的修正和迭代升级，抗疫期间线上教学实践促使网络教育软硬件升级就是最好的例证。在这种紧密关系的作用下，初中数学混合式教学中融合认知工具开展活动，在教学理论上是合理的，在实践中也是必要的。如果要做到有效互动，除了需要用到具有信息交互作用的网络教学信息平台工具之外，还需要在数学教学内容和活动探究中融合专业化数学认知工具，这类工具的功能是促进学生优化认知，并帮助学生在合情推理的表象思维基础上发展合理推理的逻辑思维。数学是既有演绎性又有归纳性的学科，所以基于演绎性的数学教学导致了讲解式的数学教学模式，基于归纳性的数学教学则形成了数学实验与活动式的教学模式。传统数学教学过度侧重数学的演绎性，重视对结论的记忆和使用，而忽视了数学的归纳性以及数学知识的发生与发展过程，毫无疑问，这对学生数学整体思维培养是不利的。考虑到学生数学核心素养培养方面的迫切需要，在合理保留传统教学演绎逻辑推理的基础上，借力信息技术快速发展。在混合式教学中积极整合数学活动，让数学活动带动探究学习，使混合式教学具有探究、发现、归纳、创新等教育优势，让学生在数学认知工具的支持下，在线上学习与线下课堂中动手实验"做数学"，并在构建数学知识网络的同时，实现数学知识构建过程的可视化，让学生经历数学知识的发生与发展，在自我更新中提高数学思维能力，培养创新意识和掌握科学探究方法。学生在"做数学"时可以在深刻理解数学知识的基础上活学活用知识，于真实情境中成功应用数学知识解决问题，并在这种解决问题的喜悦中培养出对数学学习的情感与对数学价值的认可和尊重，如图 3 - 2 所示。

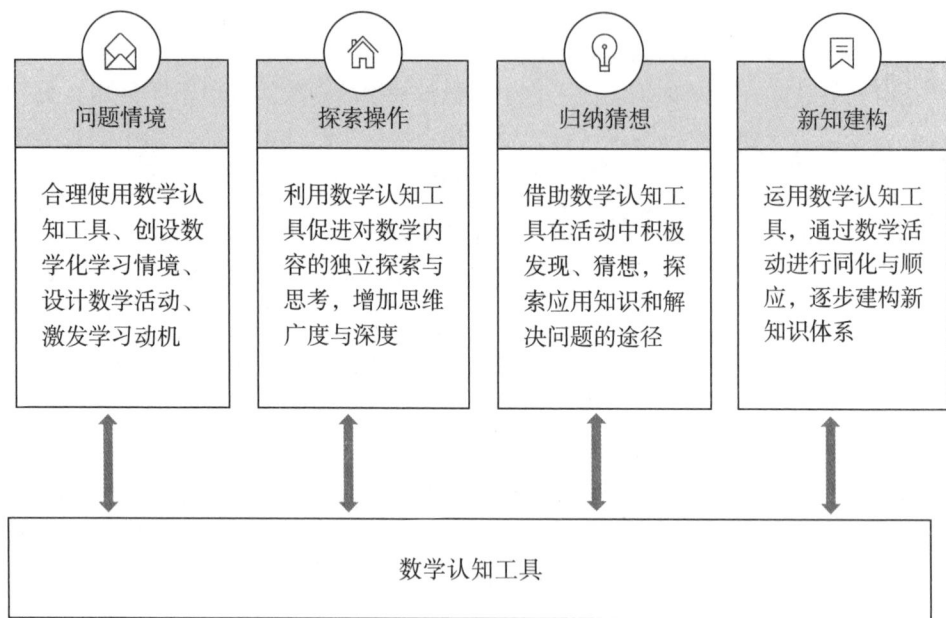

图 3 - 2　数学认知工具的运用

问题情境

合理使用数学认知工具、创设数学化学习情境、设计数学活动、激发学习动机

探索操作

利用数学认知工具促进对数学内容的独立探索与思考，增加思维广度与深度

归纳猜想

借助数学认知工具在活动中积极发现、猜想，探索应用知识和解决问题的途径

新知建构

运用数学认知工具，通过数学活动进行同化与顺应，逐步建构新知识体系

数学认知工具

第三节　"反比例函数的图象和性质"混合式教学实践案例的对比分析

在对融合认知工具的初中数学混合式教学进行理论总结和设计之前，我们先来看两个初中数学混合式教学实践案例，并在这两个案例的基础上进行对比分析，这对开展符合数学核心素养培养要求的初中数学混合式教学具有启发和借鉴意义。

下面运用两种不同的混合式教学方式对"反比例函数的图象和性质"进行同课异构教学实践。

一、"反比例函数的图象和性质"混合式教学实践案例一

课前阶段	
学生学习情况分析	
学生课前学习特征	①思维特点：初中学生的认知结构有新变化，数学思维由形象思维逐步向抽象思维转化，并且抽象思维会逐渐占据主导地位，但是抽象思维还没有成熟，属于经验型逻辑思维。 ②认知基础：学生已经学习过函数、一次函数的概念和基本性质等知识；学生具备一定的收集信息、分析信息的能力，初步建立了数形结合的数学思想，大部分学生对数学基础知识掌握得比较扎实。 ③混合式学习能力：在经过培训后，学生已经有一定的网络交流和资料检索经验，比较熟练地掌握了使用移动智能终端进行混合式学习和操作教育"云"平台的技能。在学习态度上，学生对开展线上网络教学持肯定态度，有积极参与的意识，能够按照教师的要求进行线上线下学习，人际关系也较融洽。
学习方式	混合式教学中的课前线上教学。
学习内容	本节课是初中数学"反比例函数"的第二课时。本次混合式教学课前预习的主要内容为： ①通过教师线上网络教学，复习巩固反比例函数的定义等先前教学的内容。 ②学生观看网络微课教学（10分钟），在教师的指导下，学生学习用描点法绘制反比例函数的图象，并自己总结绘图方法。 ③学生通过网络微课预习反比例函数的性质。
教师教学分析	
教学设想	在"反比例函数"教学中，利用描点法绘制反比例函数的图象是教学重点之一。传统课堂教学是让学生在课堂上建立坐标系，取值、描点、连线，画出反比例函数的图象。然而在有限的课堂教学时间内，利用描点法绘制反比例函数图象用时很长，所以留给其他重点内容的教学时间就相对较短。在一节课内，画出图象后再根据图象总结反比例函数的性质以及运用性质解决相关综合性问题等重难点教学就显得很局促，难以透彻地讲解，教学效果不理想。鉴于此，将反比例函数的图象和性质进行混合式教学，意图是在课前阶段就让学生通过线上微课的指导，学会用描点法画出反比例函数的图象，由此节省时间，在线下课堂教学中着重解决反比例函数的性质及其应用等教学重难点。

（续上表）

教学重点	在课前线上教学中，教师运用微课教学，指导学生学习用描点法画出反比例函数的图象以及预习反比例函数的性质。
教学难点	反比例函数的性质。
教学支持	"腾讯课堂"、班级授课微信群、教育"云"平台。

预习教学过程			
教学内容	教师工作	学生学习	设计意图
课前线上教学	①教师通过教育"云"平台发放预习学案。 ②通过线上微课教学，指导学生复习反比例函数的定义。 ③重点是通过线上微课教学，让学生学习用描点法画出反比例函数的图象。 ④通过线上微课教学，让学生预习反比例函数的性质。	①通过线上学习，观看教师微课教学，在教师的要求下复习反比例函数的定义。 ②观看教师微课教学，并在教师的线上指导下，掌握描点法，画出反比例函数的图象，即在观看微课的基础上，学生自己在纸上建立坐标系、取值、描点、连线，画出反比例函数的图象。 ③在描点作图得到反比例函数图象的基础上，结合教师微课教学，学生自主预习反比例函数的性质。 ④完成预习学案。	通过课前微课学习，让学生学习反比例函数图象的画法。在掌握用描点法画出反比例函数图象的基础上，结合线上微课教学，学生自己预习反比例函数的性质，教师在前期教学过程中收集学生预习时遇到的问题，在课堂上有的放矢，解决相关重点、难点和疑点。
预习作业上传	①教师利用教育"云"平台收集学生上传的预习学案和学生自己用描点法绘制的反比例函数的图象。 ②教师利用教育"云"平台收集学生在课前预习中产生的问题。	①学生上传预习学案。 ②学生上传用描点法绘制的反比例函数的图象，并进行网络展示。 ③学生向教师反馈在预习中产生的问题。	通过及时反馈，分类总结学生在预习中产生的问题，为课堂高效教学打好基础，在课堂教学中讲清重点、突破难点、解释疑点。

课中阶段	
教师教学分析	
教学设想	本教学阶段是混合式教学课中阶段，也是线下课堂面授阶段，将采用"主导＋主体"教学模式。对于课前线上预习教学中学生集中产生的问题和反比例函数教学重难点，在线下面授课堂上，通过教师主导教学，让学生掌握重点、突破难点、解决问题，并可以运用反比例函数的图象和性质解决与反比例函数相关的综合性问题。通过课前线上预习教学，学生已经基本掌握利用描点法绘制反比例函数的图象这个教学重点，这一重点内容教学难度不大，学生容易掌握，只是要花大量的教学时间，所以将这一教学内容用课前线上教学完成，为课堂教学节省宝贵的时间。根据反比例函数的图象总结归纳反比例函数的性质既是反比例函数教学的重点，也是难点。教师利用课前教学省下来的时间，集中精力在课堂上详细讲解重点，有效突破难点，并通过一定量的练习对反比例函数的性质进行综合运用训练，提高学生解决综合性问题的能力。
学习方式	混合式教学中的线下课堂教学。
学习内容	通过混合式教学中的线下课堂教学，结合学生小组讨论，学习反比例函数的图象和性质，并运用反比例函数的性质解决相关综合性问题。
教学目标　知识技能	掌握利用描点法绘制反比例函数的图象的方法，学习通过图象分析研究反比例函数的性质。
过程方法	学习运用反比例函数的图象和性质解决相关综合性问题。
情感态度	提高综合解题能力，并在用描点法绘图的过程中体会数学图形美。
教学重点	学习反比例函数的性质及其运用。
教学难点	探索并熟练运用反比例函数的性质解决综合性问题。
教学支持	网络多媒体投影、教育"云"平台。

（续上表）

教学过程			
教学内容	教师工作	学生学习	设计意图
情境引入	①提问：绘制反比例函数的图象的方法是什么？其一般步骤有哪些？ ②在多媒体教学平台上展示学生绘制的典型图象，并纠正典型问题。 ③教师用 PPT 展示标准的反比例函数图象的取值、描点、连线画法。	明确描点法作图的步骤： ①列表：取自变量 x 的哪些值？虽然 x 是不为 0 的任何实数，但应注意以 0 为基准，左右均匀对称取值。 ②描点：以自变量 x 为横坐标，对应函数值为纵坐标，得到点的坐标，并在坐标系中找点。 ③连线：在对称的两个象限内，按照自变量从小到大的顺序，用两条光滑的曲线把所描的点连接起来。	教师强调取值、描点、连线的方法和应注意的点，并在用描点法绘制出反比例函数的图象和预习其性质的基础上，带领学生探索反比例函数的性质。
课堂教学小组探究	（1）观摩思考：用描点法绘制反比例函数 $y = \dfrac{6}{x}$ 的图象。观察反比例函数图象的形状，并指明反比例函数 $y = \dfrac{6}{x}$ 的图象是分布在第一、第三象限的双曲线。 教师注意强调： ①$x \neq 0$，$y \neq 0$。 ②反比例函数的图象是以原点为中心对称的图形，称为双曲线。 ③连线时要用平滑曲线按照自变量从小到大的顺序连接，切忌画成折线。 ④反比例函数的图象永远不会与 x 轴、y 轴相交，只是无限靠近两条坐标轴。	学生在教师的讲解中总结分析： ①绘制反比例函数的图象时应注意哪些问题？与同伴进行交流。 ②如果在列表时所选取的数值不同，那么图象的形状是否相同？ ③连接时能否连成折线？为什么必须用光滑的曲线连接各点？ 在教师的引导下归纳反比例函数 $y = \dfrac{6}{x}$ 图象的形状——分布在第一、第三象限的双曲线。	通过用描点法绘制反比例函数的图象，感知、归纳反比例函数图象的形状和特征。

（续上表）

教学内容	教师工作	学生学习	设计意图
课堂教学小组探究	（2）探究性质：教师让学生以小组合作形式研究反比例函数图象的性质。 教师指导学生操作，并列出操作注意事项： ①双曲线的两个分支都不会与 x 轴、y 轴相交。 ②反比例函数 $y = \dfrac{6}{x}$ 的图象形状是分布在第一、第三象限的双曲线；在每一个象限内，随着 x 的增大，y 减小。 ③展示反比例函数 $y = -\dfrac{6}{x}$ 的图象形状是分布在第二、第四象限的双曲线；在每一个象限内，随着 x 的增大，y 增大。	学生小组合作：研究反比例函数图象的性质。 （1）通过描点法画出反比例函数 $y = \dfrac{6}{x}$ 的图象，根据图象归纳结论： ①图象形状是分布在第一、第三象限的双曲线，并注意到 $6 > 0$。 ②在每一个象限内，随着 x 的增大，y 减小。 （2）观察教师用 PPT 展示的反比例函数 $y = -\dfrac{6}{x}$ 的图象，根据图象归纳结论： ①图象形状是分布在第二、第四象限的双曲线。 ②在每一个象限内，随着 x 的增大，y 增大。 （3）在对以上两个反比例函数的探讨启发下探索反比例函数 $y = \dfrac{k}{x}$ （$k \neq 0$）的图象和性质。 结论： ①图象由双曲线组成。 ②$k > 0$ 时，函数图象在第一、第三象限，随着 x 的增大，y 反而减小。 ③$k < 0$ 时，函数图象在第二、第四象限，随着 x 的增大，y 也增大。	利用小组合作学习，探索反比例函数图象的形状、位置、变化趋势、对称性等性质。目的是充分调动学生主动参与学习、合作学习，培养学生主动学习的意识。同时教师要教给学生探究学习的方法，让学生能够更好地自主学习与思考。

（续上表）

教学内容	教师工作	学生学习	设计意图
拓展学习，巧用新知	例题：已知反比例函数 $y = (m-1)x^{m^2-5}$ 的图象在第二、第四象限，求 m 的值，并指出在每个象限内 y 随 x 变化的情况。 分析：此题要考虑两个方面。 ①根据反比例函数的定义，即 $y = kx^{-1}$（$k \neq 0$），自变量 x 的指数是 -1。 ②根据反比例函数的性质：当图象位于第二、第四象限时，$k < 0$，则 $m-1 < 0$，不要忽视这个限定条件。	在教师的启发、分析下，学生解题，教师指导、订正，展示学生的解题结果： 解：$y = (m-1)x^{m^2-5}$ 是反比例函数，所以 $m^2 - 5 = -1$ 且 $m-1 < 0$；则 $m = \pm 2$，只能取 $m = -2$。	通过例题，让学生综合掌握反比例函数的性质，并注意到：自变量 x 的指数是 -1，图象的位置和图象变化趋势。
	随堂练习： 已知反比例函数 $y = \dfrac{3-k}{x}$，分别根据下列条件求出字母 k 的取值范围： ①函数图象位于第一、第三象限。 ②在第二象限内，y 随 x 的增大而增大。	学生解题，教师指导、订正。 解： ① $k < 3$。 ② $k > 3$。	进一步巩固反比例函数的性质，培养学生的数形结合能力。
反思归纳	①归纳反比例函数的图象和性质知识点。 ②在性质和定义的基础上注意化归方法的运用。	小组讨论发言，对课堂讲授知识进行归纳，总结出完整的反比例函数的性质。	学生在教师的带领下，将课堂内容系统化、知识条理化。

课后阶段	
课后作业巩固与分析	
教学设想	对于课中学习效果以及对反比例函数教学重难点有效突破的情况，教师进行教学质量监控，让学生切实掌握反比例函数的教学重点，达到教学目标。
学习方式	混合式教学中的课后线上教学。
学习内容	通过混合式教学中的课后线上教学，反馈学生对反比例函数的图象和性质的掌握情况，教师及时、有针对性地查漏补缺，点对点进行个性化辅导。
教师教学分析	
教学设想	运用教育"云"平台对学生进行教学质量监控，在教育"云"平台上发布作业，并利用"云"平台技术优势，对学生的学习质量进行快速反馈和统计，教师对统计中出现的问题进行有针对性的查漏补缺，筑牢学生"双基"。
教学支持	教育"云"平台。

教学过程			
教学内容	教师工作	学生学习	设计意图
线上作业	教师在教育"云"平台的支持下，发放线上作业（以选择题和填空题等客观题目为主，限定10分钟内完成）。	学生利用移动智能终端，完成线上作业。	对学习质量进行巩固和监控。
质量反馈	对学生提交的线上作业，依托教育"云"平台的技术优势形成快速诊断。	对反馈的问题再巩固，务必达到教学"双基"要求。	巩固反比例函数的"双基"，填补教学漏洞。

二、"反比例函数的图象和性质"混合式教学实践案例二

下面对"反比例函数的图象和性质"进行同课异构，教学模式也同样采用线上线下混合式教学，但采用不同的教育理念和模式实施教学。以下混合式教学实践案例，无论在线上网络教学中还是在线下课堂教学中，都采用围绕主题的系列化数学活动进行教学，并在活动中融合数学认知工具进行主动探究。

	课前阶段
	学生学习情况分析
学生 课前 学习 特征	①思维特点：在初中学生的认知结构中，数学抽象能力与逻辑思维正在逐渐形成，不过还处于形象思维向抽象思维的过渡期。初中数学新课程标准明确要求学生在参与观察、实验、猜想、证明、综合实践等数学活动中，发展合情推理和演绎推理能力，清晰地表达自己的想法。 ②认知基础：在学习反比例函数的性质之前，学生已经学习过函数、一次函数的概念、图象和基本性质以及由图象探究函数性质的基本方法，且本节课是"反比例函数"第二课时，在第一课时中学生已经学习了反比例函数的定义，对于用描点法作图也在学习一次函数图象时有过训练，学生基本掌握用描点法绘制函数图象，大多数学生的数学基础知识掌握得比较扎实，初步具备数形结合的数学思想。 ③混合式学习能力：学生具备一定的信息化移动学习能力和经验，有一定的网络沟通和网络资源查阅能力，可以熟练使用教育"云"平台，尤其是在前期教师的指导下，对动态数学认知工具软件"几何画板"有了一定的掌握，可以比较熟练地运用"几何画板"软件对相应的数学知识开展探究实验活动。同时前期调查也表明学生对开展线上网络教学持肯定态度，有较高的参与意识，在教师的主导下能够积极参与线上线下的数学活动，学生之间的人际关系较为融洽，便于开展合作学习。
学习 方式	混合式教学中的课前线上教学。
学习 内容	本节课是初中数学"反比例函数"第二课时，现阶段是该课混合式教学的课前线上教学部分，主要教学内容由三个数学活动组成： 活动1（阅读理解活动）：教师通过教育"云"平台发放资料，让学生通过实例，以阅读理解的形式了解什么是双曲线，如某些人造天体的运动轨迹是双曲线、发电厂蒸馏塔的形状是双曲线等，了解双曲线在科学与生产中的广泛应用，增强学生对双曲线图形的感性认知，同时激发学习兴趣。 活动2（微课导学活动）：教师通过教育"云"平台发放微课，学生观看微课教学，初步掌握利用描点法绘制反比例函数图象的方法，并亲自动手绘制反比例函数 $y=\dfrac{1}{x}$ 的图象，将绘制好的图象提交到教育"云"平台，教师进行线上点评。 活动3（认知探究活动）：在教师的指导下，学生运用"几何画板"软件在同一坐标系中完成四个反比例函数 $y=\dfrac{1}{x}$、$y=-\dfrac{1}{x}$、$y=\dfrac{3}{x}$、$y=-\dfrac{3}{x}$ 的图象绘制，观察同一坐标系下四个反比例函数图象的异同，对比、感知、分析图象，提出自己的看法，最后完成课前预习学案，并提交给教师。

（续上表）

教师教学分析	
教学设想	通过课前三个数学活动，顺利完成比较耗时但教学难度不大的用描点法绘制反比例函数图象的教学任务，为混合式教学第二阶段的课堂面授教学合理地节省出宝贵的时间。然后让学生在教师的指导下利用"几何画板"软件绘制出反比例函数的图象，并将其与用描点法手工绘制出的反比例函数图象进行对照，自我纠正在用描点法绘图时出现的问题，高效掌握图象绘制这一教学重点，同时欣赏函数图象简洁对称的数学美。根据图象总结性质是反比例函数教学的另一个重点，而且是难点，让学生主动利用"几何画板"软件高效探究反比例函数图象的形状和变化规律，为混合式教学第二阶段课堂面授教学中系统学习反比例函数的性质打下扎实的基础，并为进一步深化学习找到突破口。本节课运用数学认知工具进行主题活动混合式教学，意图是在线上教学和线下教学中，学生在教师的指导下，围绕主题，筑牢"双基"，主动探究，深化学习。
教学重点	在教师的主导下，围绕系列化主题活动，运用数学认知工具，自主学习，掌握用描点法绘制反比例函数图象的方法，并以数形结合方式初步探究反比例函数的性质。
教学难点	反比例函数的性质及其拓展。
教学支持	"腾讯课堂"、班级授课微信群、教育"云"平台、"几何画板"软件。
预习教学过程	

教学内容	教师工作	学生学习	设计意图
课前线上教学	①发放预习学案。 ②活动1（阅读理解活动）：在教育"云"平台发放资料，让学生阅读实例，理解什么是双曲线，如某些人造天体的运动轨迹是双曲线、发电厂蒸馏塔的形状是双曲线等。 ③活动2（微课导学活动）：教师通过教育"云"平台进行微	①阅读理解活动中，学生下载教师在教育"云"平台里发放的相关学习资料，通过阅读实例，理解什么是双曲线，了解双曲线在科学与生产中的应用，拓展知识面，激发学习兴趣。 ②微课导学活动中，学生首先观看教师上传到教育"云"平台的微课教学视频，通过视频初步掌握用描点法绘制反比例函数图象的步骤和方法，接下来，学生按要求在纸上用描点法绘制出反比例函数 $y=\dfrac{1}{x}$ 的图象，将绘制好的函数图象提交到平台，教师对学生提交的手绘图象进	通过课前活动预习，学生围绕三个主题活动展开自主学习，掌握用描点法绘制反比例函数图象的方法，在手绘函数图象的基础上，再通过"几何画板"软件进一步绘制反比例函数的图象，进行自我纠正，在活动过程中

（续上表）

教学内容	教师工作	学生学习	设计意图
课前线上教学	课教学，在微课中让学生掌握用描点法绘制反比例函数图象的方法，指导学生动手在纸上绘制出反比例函数 $y=\dfrac{1}{x}$ 的图象，并提交到教育"云"平台，教师进行线上针对性点评。 ④活动3（认知探究活动）：指导学生运用"几何画板"软件在同一坐标系中完成四个反比例函数 $y=\dfrac{1}{x}$、$y=-\dfrac{1}{x}$、$y=\dfrac{3}{x}$、$y=-\dfrac{3}{x}$ 的图象绘制，并提出自己的看法。	行点评，纠正问题。 ③认知探究活动中，学生在教师的指导下，通过教育"云"平台，运用"几何画板"软件在同一坐标系中绘制四个反比例函数 $y=\dfrac{1}{x}$、$y=-\dfrac{1}{x}$、$y=\dfrac{3}{x}$、$y=-\dfrac{3}{x}$ 的图象，然后将它们与自己手绘的反比例函数 $y=\dfrac{1}{x}$ 的图象对照，进行自我评价与纠正，最后说出自己对反比例函数图象的感知和理解，并尝试总结反比例函数的性质，在班级授课微信群中进行小组讨论，形成结论并提交给教师（如图1所示）。 图1	感知反比例函数的图象和感悟反比例函数的性质，并在感知和感悟的基础上自主探究反比例函数的相关图象与性质。为了启发学生探究、深化学习，教师还应在数学活动过程中收集学生遇到的问题，为在混合式教学第二阶段课堂面授教学中顺利解决相关教学重点、难点、疑点找到突破口，并为指导学生进行个性化学习找到依据。
预习作业上传	教师利用网络收集所有学生上传的预习学案和用描点法绘制的反比例函数图象，并及时进行线上点评；收集学生在预习中遇到的问题，为线下教学做好准备。	①学生上传反比例函数预习学案以及活动材料。 ②学生上传自己用描点法绘制的反比例函数图象，并对比其与用"几何画板"软件绘制出的反比例函数图象的异同，进行自我评价和纠正。 ③学生通过网络向教师反馈在课前活动中产生的设想和遇到的问题。	通过及时反馈，分类总结学生在课前活动中遇到的问题，为在课堂面授教学中讲清重点、突破难点、解释疑点做好准备。

课中阶段		
教师教学分析		
教学设想		本部分教学进入混合式教学的第二阶段。在第一阶段课前线上教学中，学生已经基本掌握用描点法绘制反比例函数的图象这一教学内容，为课堂面授教学节省了宝贵的教学时间，并为课堂自主探究反比例函数的性质打好了基础。在本阶段的课堂教学中，将运用"数学认知工具＋主题数学活动"教学模式，对于混合式教学第一阶段课前活动中集中产生的问题以及反比例函数教学中的重难点内容，通过教师指导，让学生自主探究，掌握重点，突破难点，并在探究和解决问题的基础上深化学习，有效提高学生的数学核心素养。
学习方式		混合式教学中的线下课堂教学。
学习内容		通过线下课堂教学，教师指导学生利用数学认知工具开展系列化主题活动，在活动中设置真实数学问题情境，结合学生小组讨论，充分促进学生自主学习；在数学活动中探究反比例函数的图象和性质，进一步运用反比例函数的性质解决相关综合性问题；充分运用数学活动提高学生的数学能力与思维方法，促成学生深化学习。
教学目标	知识技能	掌握反比例函数图象的画法并在此基础上运用数学活动探究反比例函数的性质。在认知工具的辅助下，拓展探索反比例函数知识。
	过程方法	运用主题活动教学策略，在反比例函数图象的基础上数形结合，探究反比例函数的性质，并能运用性质解决相关问题。
	情感态度	通过主题活动，促使学生自主学习，小组合作，并在数学认知工具的辅助下感受数学的美和神奇，提高数学核心素养。
教学重点		在数学认知工具的辅助下，结合系列化主题活动探究反比例函数的性质。
教学难点		探索并深刻理解反比例函数的性质，能运用反比例函数的性质解决相关综合性问题。
教学支持		网络多媒体投影、以小组为单元的移动智能终端、"几何画板"软件。

（续上表）

教学过程			
教学内容	教师工作	学生学习	设计意图
情境引入	①提问：绘制反比例函数图象的方法是什么？其一般步骤有哪些？ ②在多媒体教学平台上展示学生绘制的典型图象，并纠正典型问题。 ③教师用PPT展示标准的反比例函数图象的取值、描点、连线画法。	在课前学习的基础上，学生须明确掌握用描点法作图的步骤： ①列表：取自变量x的哪些值？虽然x是不为0的任意实数，但应注意以0为基准，左右均匀对称取值。 ②描点：以自变量x为横坐标，对应函数值y为纵坐标，得到点的坐标，并在坐标系中找点。 ③连线：在对称的两个象限内，按照自变量从小到大的顺序，用两条光滑的曲线把所描的点连接起来。	教师在教学中强调用描点法作图的注意事项，并展示学生课前学习中的优秀案例，对典型问题进行点评、指正。
课堂教学 小组探究	(1) 观摩：教师展示学生在课前阶段用描点法绘制的反比例函数的典型图象，说明并纠正其中的问题。	学生进行小组合作学习并当场给出结果，全班交流： ①绘制反比例函数的图象时应注意哪些问题？与同伴进行交流。 ②如果在列表时所选取的数值不同，那么图象的形状是否相同？ ③连接时能否连成折线？为什么必须用光滑的曲线连接各点？	通过用描点法绘制反比例函数的图象，感知反比例函数的图象形状，为探究反比例函数的性质做准备。
	(2) 思考：在多媒体平台上展示课前阶段用"几何画板"软件画的两个反比例函数$y = \dfrac{1}{x}$、$y = \dfrac{3}{x}$的图象。 归纳函数图象的形状——分布在第一、第三象限的双曲线；再展示$y = -\dfrac{1}{x}$、$y = -\dfrac{3}{x}$的	学生独立思考，在小组合作中进行交流归纳，发现函数图象的形状和特征，并在此基础上运用数形结合的方法总结出反比例函数的性质： ①$x \neq 0$，$y \neq 0$。 ②反比例函数的图象是关于原点中心对称的双曲线。 ③反比例函数的图象会逐渐靠近x轴、y轴，但不会相交。 ④$k > 0$时，函数图象分布在第一、第三象限，图象在每一个象限是下降的，随着x的增大，y反而减小。	采用小组合作学习的目的是充分调动学生主动参与学习活动的积极性，有效培养学生自主学习的意识。教师要指导学生探究学习的方法，形成数形结合的数学思

（续上表）

教学内容	教师工作	学生学习	设计意图
课堂教学小组探究	图象，归纳函数图象的形状——分布在第二、第四象限的双曲线。 教师指导学生归纳： ①x、y的取值范围是多少？ ②反比例函数的图象有何特征？ ③反比例函数的图象会与x轴、y轴相交吗？ ④$k>0$时，函数图象在第几象限？随着x的增大，y怎样变化？ ⑤$k<0$时，函数图象在第几象限？随着x的增大，y怎样变化？	⑤$k<0$时，函数图象分布在第二、第四象限，图象在每一个象限是上升的，随着x的增大，y也增大。 通过小组讨论，要特别注意用实例引导学生从具体到抽象来思考关键参数k值的作用，发现$k>0$、$k<0$两种不同的情况是反比例函数的图象位置不同、性质相反变化的关键。$k>0$时，x和y的变化趋势是相反的；$k<0$时，x和y的变化趋势是相同的。学生明确了反比例函数图象的走向趋势，达成共识，提交小组活动结果，教师点评，形成学习结论和成果。	想，让学生的数学能力得到更好的培养。
	（3）主题活动探究：运用"几何画板"软件观察$y=\dfrac{k}{x}$（$k\neq0$）的图象随着k的变化而出现的变化，在软件中拖动k参数，让k值在正数和负数之间连续变化，观察反比例函数图象的变化情况。在数学活动和实验中可得出远比课本上更为丰富的反比例函数的性质。	学生以小组为单位在平板电脑上进行数学实验主题活动，观察k值在正数和负数之间连续变化时，反比例函数图象的变化规律。通过合作讨论，加深对反比例函数$y=\dfrac{k}{x}$（$k\neq0$）的图象和性质的认识： ①无论k值怎样变化，只要$k\neq0$，反比例函数的图象都是双曲线，而且关于原点中心对称。 ②$k>0$时，函数图象在第一、第三象限，随着x的增大，y反而减小，x和y的变化趋势是相反的。 ③$k<0$时，函数图象在第二、第四象限，随着x的增大，y也增大，x和y的变化趋势是相同的。	小组合作运用数学认知工具主动探究，在k值连续变化运动中，观察并发现反比例函数图象的形状、位置、变化规律和性质，在课本给出结论的基础上进一步拓展探究，获得更多关于反比例

（续上表）

教学内容	教师工作	学生学习	设计意图
课堂教学小组探究		更重要的是，学生在拖动 k 值变化时，发现了课本中没有提到的、更有趣的新知：反比例函数 $y = \dfrac{k}{x}(k \neq 0)$，$|k|$ 越大，反比例函数图象（双曲线）的位置离原点越远；$|k|$ 越小，反比例函数图象（双曲线）的位置离原点越近（如图1所示）。 图1	函数的新知，有效深化学习。
拓展学习，巧用新知	例题：已知反比例函数 $y = (m-1)x^{m^2-5}$ 的图象在第二、第四象限，求 m 值，并指出在每个象限内 y 随 x 变化的情况。	学生在教师的指导下，在掌握反比例函数的图象和性质的基础上综合分析。此题要考虑两个方面：一是反比例函数的定义，即 $y = kx^{-1}$ $(k \neq 0)$，自变量 x 的指数是 -1；二是根据反比例函数的性质，当图象位于第二、第四象限时，$k < 0$，则 $m-1 < 0$，不要忽视这个限定条件。 解：$y = (m-1)x^{m^2-5}$ 是反比例函数，所以 $m^2 - 5 = -1$ 并且 $m-1 < 0$；则 $m = \pm 2$，只能取 $m = -2$。	通过例题，让学生综合掌握反比例函数的性质，并注意到：自变量 x 的指数是 -1，图象位置和图象变化趋势。

（续上表）

教学内容	教师工作	学生学习	设计意图
拓展学习，巧用新知	随堂练习： （1）已知反比例函数 $y = \dfrac{3-k}{x}$，分别根据下列条件求出 k 的取值范围： ①函数图象位于第一、第三象限。 ②在第二象限内，y 随 x 的增大而增大。 （2）深度思考活动：在平面直角坐标系内，过反比例函数 $y = \dfrac{6}{x}$ 的图象上的点分别作 x 轴、y 轴的垂线段，用"几何画板"软件度量出其与 x 轴、y 轴所围成的矩形面积是多少，思考为什么会这样，可以得到怎样的结论。	学生解题，教师指导、订正，巩固学习成果。 （1）解： ①$k < 3$。 ②$k > 3$。 （2）对于这个问题，学生要运用"几何画板"软件做数学实验，过反比例函数 $y = \dfrac{6}{x}$ 的图象上的点分别作 x 轴、y 轴的垂线段，度量出其与 x 轴、y 轴所围成的矩形面积，并思考为什么会这样，在课堂教学的知识最近发展区进一步深化探究，为课后深化学习打好基础。	进一步巩固反比例函数的性质。培养学生数形结合的思想，提高学生的逻辑思维能力，并在学生的知识最近发展区进一步设置探索情境，让学生更深入地学习、发展。
反思归纳	①归纳反比例函数的图象和性质知识点。 ②在性质和定义的基础上注意化归方法的运用。	小组讨论发言，反思课程重点和难点，形成知识网络。	学生在教师的带领下总结归纳，将内容系统化。

	课后阶段		
	课后活动巩固与提高		
教学设想	本部分教学是混合式教学的第三阶段，课后总结教学与个性化辅导。教师在这一阶段中首先利用教育"云"平台对混合式教学前两个阶段的教学效果以及重难点掌握和突破的情况进行质量监控与测量，查漏补缺。然后在教育"云"平台上发布作业，利用"云"平台的技术优势，及时反馈和订正，对于学生的学习质量进行快速反馈和统计，针对统计中出现的较大问题，需要再次运用微课线上教学，确保筑牢全体学生的"双基"。另外，教师运用教育"云"平台在课堂教学中提出问题，再次启发学生小组进行合作学习，让学生在进一步思考活动中拓展对反比例函数的认识，达到深度学习。最后在教育"云"平台上指导学生运用思维导图工具构建反比例函数知识网络，形成系统。		
学习方式	混合式教学中的课后线上教学。		
学习内容	①通过混合式教学中的课后线上教学，反馈学生对反比例函数的图象和性质的掌握情况。教师及时查漏补缺，强化"双基"。 ②通过课中布置的思考活动，进一步引导学生拓展深化学习反比例函数。		
教学支持	教育"云"平台、"几何画板"软件、思维导图工具。		
	教学过程		
教学内容	教师工作	学生学习	设计意图
线上作业	教师在教育"云"平台的支持下，为学生发放线上作业（以选择题和填空题等客观题目为主，限定在10分钟内完成）。	学生利用移动智能终端，完成线上作业。	对学习质量进行巩固和监控。
质量反馈	对学生提交的线上作业，依托教育"云"平台技术的优势快速诊断。	对反馈的问题，运用微课线上教学再巩固，务必达到基本要求。	巩固反比例函数的"双基"，填补教学漏洞。

（续上表）

教学内容	教师工作	学生学习	设计意图
深化探究	在平面直角坐标系内，过反比例函数 $y=\dfrac{6}{x}$ 图象上的点分别作 x 轴、y 轴的垂线段，用"几何画板"软件度量出其与 x 轴、y 轴所围成的矩形面积是多少。思考为什么会这样，可以得到怎样的结论。教师要注意引导学生认识到坐标值和长度值是有区别的，坐标值有正负，长度值只能为非负数，所以面积为 $\lvert x\cdot y\rvert=\lvert k\rvert$。	运用"几何画板"软件进行数学实验探究，学生在线上协作交流和在教师的指导下得出结论（如图1所示）：过 $y=\dfrac{k}{x}$（$k\neq0$）图象上的点分别作 x 轴、y 轴的垂线段，其与 x 轴、y 轴所围成的矩形面积是 $\lvert k\rvert$。 图1	从学生知识最近发展区出发，继续运用数学活动探究的方法，深化学习。
系统总结	指导学生用思维导图工具建构反比例函数知识结构图。	经过系列化主题活动混合式教学后，学生运用思维导图工具建构反比例函数知识结构图（如图2所示）。 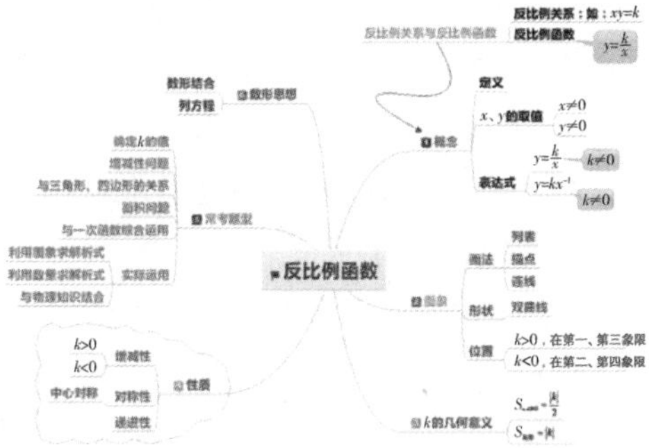 图2	运用思维导图帮助学生形成系统化知识体系，建构学习网络。

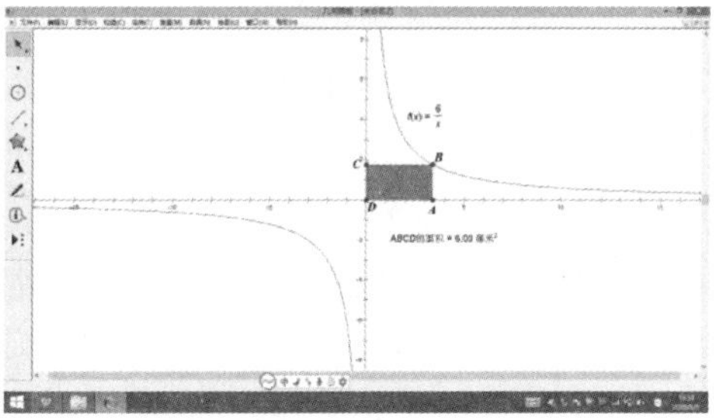

三、案例对比分析

针对"反比例函数的图象和性质"的两个同课异构混合式教学案例进行分析：

"教学实践案例一"运用混合式教学对"反比例函数的图象和性质"进行了线上教学与线下教学，从混合式教学的步骤来看，该教学实践完成了课前线上预习、课中线下教学、课后线上线下教学诊断与反馈。在抗疫期间的线上教学实践初期，很多混合式教学的模式都属于这一类。仔细分析就可以看出，该案例虽然从教学手段上借助了网络教学，并且在教学全过程中使用了现代信息教育技术，也借助了教育"云"平台，但这样的混合式教学只是将传统教学简单搬到网络上，可以说是"新瓶装旧酒"。只是在教学外表上依托了现代化网络和混合式教学形式，而在教学内涵上依然按照以往的教学理念来进行传统教学，因此出现网上学习调查中所反映的问题，即在传统教学之上又外加了网络教学这一层"马甲"，师生隔着网络无法像现实中那样交流感情，教师觉得"累"，学生也感觉毫无新意，觉得"厌"。"翻转课堂"之父 Aaron Sams 就曾告诫，在日常课堂上未能解决的问题，不能指望单单用"翻转课堂"就可以出现奇迹，教师的教学水平和教学理念是很重要的。

再来考察"教学实践案例二"，该案例非常明显地在网络和教育"云"平台的支持下，以系列化主题活动为教学"锚链"，充分应用数学认知工具开展活动，让学生在教师的指导下不断深入探究。系列化主题活动依次开展，可不断激发学生的学习欲望，层层递进的问题情境可有效吸引学生的注意力。该混合式教学通过系列化主题数学活动与实验，在促进学生独立思考、培养学生创新意识的同时，改变了传统数学课堂教师单向传输知识的教学模式，将学习的外部控制力通过积极挑战的数学活动转变为学生主动学习的内驱力，学生的主观能动性和创造力在数学活动与实验中得到充分发挥，有效摆脱了线上教学因时空分离所产生的教师教学控制力不足的不利局面。系列化主题活动又借助数学认知工具的辅助作用，在有效减轻学生认知负荷的同时让学生认识到数学知识产生的全过程。系列化主题活动不仅让学生得到了反比例函数的性质结论，而且对学生的学习方法、解题能力、数学思想等进行了积极培养，同时让学生认识到网络教学及教育"云"平台的真正魅力，还提高了学生的现代信息能力与素养。活动的重要意义还在于有效激发了学生数学学习的兴趣与积极性，消除了学生的学习"枯燥"感，有效解决了数学学习的情感态度与价值观培养等方面亟待解决的问题。

借助认知工具通过数学活动来进行混合式教学的优势还可以用学习机理进一步解释，学习机理研究认为由图式复杂程度的不同引起的认知负荷称为内在认知负荷，由教学设计引起的工作记忆负荷称为外在认知负荷。内在认知负荷是不能通过教学设计加以改变的，因为已获得的图式具有一定的封闭性。而外在认知负荷是可以通过改变学习材料的呈现方式或学生活动来改变的，学生数学学习的一些方面能够转移到认知工具上①。认知工具在数学课堂中的应用越来越多，认知工具具有实现数学知识的直观呈现、动态模拟、快速运算、多维表征、个性展示等功能，大大拓展了学生的认知范围，有效减轻了学生的认知负荷。数学知识和技能是以图式的形式储存在学生长时记忆系统中的，降低学生的认知负荷则可以在单位教学时间内实现更深层次的学习，增加学生数学知识认知的广度、强度与深度，而且学生在认知数学知识的过程中能够通过认知工具发现、探索数学知识的形成过程，更重要的是认知工具的应用拓展了学生的发散思维。为此，《义务教育数学课程标准（2011 年版）》指出："在参与观察、实验、猜想、证明、综合实践等数学活动中，发展合情推理和演绎推理能力。"认知工具作为可操作的探索工具，将学生从一些烦琐、枯燥和重复的运算活动中解放出来，利用认知工具进行数学活动与实验，让学生有更多的机会动手操作、动脑思考、探索规律，发展学生的归纳推理、类比推理与统计推理等能力。

很明显，在"教学实践案例二"中，学生在教师的指导下，通过线上线下混合式教学，以系列化主题活动为"问题锚链"，在网络学习支持平台和数学认知工具的辅助下，通过发现问题、动手操作、表达与交流等探索性活动，获得数学知识和技能，增强学生对数学知识的深层理解。通过不断加深拓展的数学活动，为学生创造解决问题的条件，让学生学以致用、主动学习、合作探究，把较为抽象的数学对象形象化、生动化，在活动中"做数学"，为学生创造出数学学习的广阔空间并提高其学习效率，让学生在数学活动中认识数学对象的规律，实践观察、实验、猜测、证明等多种探究学习方法，改变学生的数学学习方式，提高学生发现问题、解决问题的能力，让学生经历数学知识的形成与应用过程，从而深刻理解数学知识的意义，强化了数学学习的情感态度与价值观。可见，融合认知工具的初中数学系列化主题活动混合式教学改变了传统数学课堂学习理念和模式，创新了数学教学方法和策略，是运用线上线下混合式教学培养学生数学核心素养的一种有效模式。

---

① 毕海滨. 基于认知工具的数学实验教学研究：信息技术与中学数学课程整合的新方法［M］. 北京：北京邮电大学出版社，2013.

第四节　融合认知工具的初中数学混合式教学的实施

一、融合认知工具的初中数学混合式教学的实施策略

从上一节两个关于"反比例函数的图象和性质"的混合式教学实践案例的对比分析中可以看到，混合式教学的目的是让学生在数学核心素养上获得发展。实施数学混合式教学要从教学设施、教学内容、学生能力等实际情况出发，因材施教，因地制宜，数学活动要由浅入深，结合学生的心理特点和认知水平，有计划地进行，教师的指导也要由多到少，逐渐过渡到学生自主活动和学习。在数学混合式教学中，始终要树立学生是学习的主体，教师是学生学习的组织者、引导者、合作者与共同探究者的理念。在学生开展学习活动的过程中，教师要充分发挥主导作用，着力提高学生的数学元认知水平，及时肯定学生的积极表现，鼓励创新，无论是在线上教学还是在线下教学中，教师都要与学生平等地交流与讨论，创设民主、和谐的活动式教学气氛。因此，在实施数学混合式教学时应注意结合以下策略：

1. 混合式教学中的主导—主体策略

以有效发展学生数学核心素养为目的的系列化主题活动混合式教学理论建立在建构主义理论的基础之上，以"学"为主，强调以学生为主体。建构主义理论认为知识是由学生在一定的情境下通过协作、讨论、交流、互相帮助，并在教师提供的指导与帮助下，借助必要认知工具主动建构的。但也要注意在混合式教学结构中，无论是线上教学阶段还是线下教学阶段，尤其是学生的线上学习，不能在客观上脱离教师对学习的监控，不能过分淡化教师主导作用的发挥，不能忽视师生之间的情感交流在学习过程中的重要作用。没有有效的教学交流互动，学生自主学习的自由度就会被无序地放大，容易偏离教学目标，所以在混合式教学的全过程，特别是线上教学中，要特别重视教师的导学和主导作用，以积极的互动和主题鲜明的活动将学生往教学目标和探究实践上引导，并注意监控整个教学活动进程。在线下课堂教学中，教师的教学控制力在教学结构上又恢复强势，在这一阶段，教师依然运用系列化主题活动，将学生的学习主体地位凸显出来，充分体现学生作为学习主体的主动性、积极性与创造性，让学生在不同情境下去发现、去获得，努力培养学生应用所学知识的综合能力。这种混合式教学在不同阶段中的"因时制宜"，恰到好处地整合了建构主义以学为主的"学"与行为主义以教为中心的"教"这两者的优势，在保证混合式教学的合理性与质量的同时兼顾教学效率。

2. 主题活动的连贯和层次递进启发策略

数学活动任务设计要有主题性设计，混合式教学加入了网络教学元素，而网络是一把双刃剑，没有主题的网络学习极具离散性，所以在有效的混合式教学中必须加入系列化主题活动，让学生围绕教学目标依次开展数学活动，促进学生有序高效地展开学习。设计数学活动时要认识到启发性是数学活动教学的灵魂，通过数学活动创设适宜的教学情境，运用多种手段启发学生开启数学思考，并使其在积极的思考中感受到数学思维的乐趣。混合式教学分为线上教学和线下教学，所以数学活动设计也应该围绕主题呈现连续性，这样可以较好地形成数学教学的逻辑链条，也符合数学学科逻辑严整的学科特点。数学活动需要有一定的难度，并呈梯次配置。对于没有合适难度和挑战的活动，学生不能产生持久的探究兴趣。一节课的若干任务或一个任务的若干子任务应该相互关联，具有统一的目标指向。所需教学的数学知识难度越大，与之配套的数学活动与实验任务设计就越应呈现层次性，匹配学生的知识最近发展区，由易到难，层层递进，在减轻学生的认知负荷的同时不断增强学生学习数学的信心和兴趣。

3. 认知工具的辅助性策略

认知工具既是辅助教师突破重点、难点的表象化思维教学工具，又是促进学生自主学习、主动探究的学习工具，还是协作交流与情感激励的有力助手。数学混合式教学中认知工具的合理使用要充分考虑学生的需求、学生的认知特点和学生对认知工具的掌握情况。特别需要强调的是，认知工具的使用不能替代学生的数学抽象思维与逻辑思考，而应更好地辅助教学创设认知学习环境，帮助学生开展学习活动、解决学习问题、激发学习动机，即要在融合认知工具的数学活动中促进学生针对具体学习内容进行独立探索与思考，增加学生思维的广度和深度。另外，数学软件与信息技术不是学生唯一的数学认知工具，数学来源于生活、生产，学生身边方便易用的一些小工具和学具（如三角板、纸张等）以及其他可利用的多种教学资源（如学科专题网站、资源库、光盘、图书馆、资料室等）也可以在教师的设计和指导下，成为学生混合式自主学习中极有用的认知工具。事实证明，学生在多样的认知工具的辅助下可以获取远远超出教师讲授范围的丰富知识。

4. 操作的简洁性策略

由于混合式教学所需的技术支持和操作要求都较传统课堂教学有很大提高，混合式教学对数学教师的素质又提出了新要求，教师在混合式教学中需要一定的技术准备和资料积累，教学工作量相比传统课堂教学只会增加，不会减少，而且教学环节的增加对混合式教学顺利进行也具有一定的影响，所以要选择与教学内容及特点相符合的教育"云"平台，"云"平台的操作要让教师和学生都感到简洁实用。数学活动与实验设计要结构简单、清晰明了，不能让技术工具喧宾夺主，导致教学效果适得其反。简洁的"数学化操作"才能突出教学主题，体现学生的学习主体地位，才能在动手操作的活动过程中，将不必要的干扰过滤掉，将外在知识内化为学生认知结果，达到意义建构。

5．活动的适度性与适用性策略

数学混合式教学的开展是对传统教学活动的一种新发展，而不是替换和否定；其中线上线下数学主题活动应当起"画龙点睛"的作用，而不是"画蛇添足"。数学主题活动适用于特定的教学内容和情境，在设计混合式教学时应以"适用、能用"为准则，不宜过分追求"高、精、尖"。进行混合式教学应有明确的教学目的，不要盲目地运用认知工具进行活动，那样反而会降低教学效率和效果。开展混合式教学的核心是培养学生的数学核心素养，更有效地解决教学中的重难点问题，鼓励学生形成创新意识和思维，让学生在活动中注意观察、发现问题、探索问题。在混合式教学中，教师不能只重教学形式的实现，不重教学实质的落实，或只重视直观和形象，而忽视理解和抽象。混合式教学要尽量避免环节过多、程序过于复杂的活动任务，应让学生在活动中快捷操作、准确领会，才有利于数学学习目标的实现。只有在必要情况下才要充分发挥主题活动混合式教学的作用，丰富数学活动形式，克服与弥补传统教学中的不足。混合式教学尤其要注意与研究性学习、探索性学习相结合，扬长避短，发挥与多种教学模态和谐支撑的作用。

6．反馈性策略

运用混合式教学的一个主要教育目的就是实现学生个性化学习，学生的个体差异需要在混合式教学中予以充分考虑。由于个体认知活动存在差异，必然出现建构的差异。既定教学设计的某些步骤因一些学生的个体差异而产生不适应，个别学生未能按照步骤进行数学活动，而且混合式教学中的数学活动与实验里的学生信息加工系统也不是封闭结构，而是开放结构，这种开放结构必须通过实践和反馈来合理调节。通过及时反馈，个体的认知建构得到与外界交流的机会，从而不断地改正错误，强化正确的认知结果。因此，对比传统教学，混合式教学需要教师加强学习反馈和评价功能，而传统教学中难以落实的工作，在教育"云"平台和信息技术的支持下是可以实现的。

二、融合认知工具的初中数学混合式教学的实施环节

融合认知工具的初中数学混合式教学分为课前、课中和课后三个阶段。

（1）混合式教学的第一阶段，即课前阶段。此阶段宜采用线上网络教学的形式进行。教学时间不宜过长，课前准备阶段的学习属于浅层次学习活动，学习时间一般控制在 10～20 分钟即可，难度也不宜过大。在这一阶段，教师需要做好以下教学和准备工作：一是教师要对教学的知识基础、学习目标、活动内容进行分析。教师要重点分析学生的思维特点和认知基础、学生已经学过的基础知识、数学活动能力，以及学生混合式学习的能力和水平，还要认识到学生已有的

学习习惯、态度等。教师有必要对开展线上网络教学进行动员，让学生有积极参与的意识，能够主动熟悉线上和线下课堂教学的主要活动内容。教师还要注意学生之间的人际关系融洽度，以便开展合作学习。二是教师要分析学生网络学习操作能力，指导学生熟悉混合式教学所要使用的网络教学平台，如教育"云"平台的操作，使学生具有自主查阅网络资源的能力，尤其让学生准备好相应的移动信息化学习硬件并掌握数学软件等认知工具的使用方法。三是教师要提前在班级群中发布已设计好的本节课的教学目标、教学大纲和配套课程资源，尤其是对即将进行的课前数学活动相关内容，教师要提前将其操作与活动程序等说明上传至网络教学平台，供学生提前熟悉，并做好活动准备。对于软件等认知工具的操作流程和使用技巧，教师还可以运用微课进行演示，让学生观看微课来熟悉、掌握相关技术，在此基础上，学生根据教师提供的学习材料进行自主学习，对教师要求完成的数学活动进行实践与呈现。四是教师要在线上监督学生完成相应的质量检测，并在教育"云"平台的支持下，对检测的情况进行及时评判，结果通过网络实时反馈给学生。学生根据评价结果，将预习过程中遇到的疑难困惑通过网络教学平台反馈给教师，教师利用网络教学平台进行有针对性的解答和指导，实现个性化学习。

（2）混合式教学的第二阶段，即课中阶段。这一阶段主要采用线下课堂面授教学的形式进行，也就是师生熟悉的日常课堂教学。这一阶段的活动属于混合式教学中的深层学习与活动，学生在课前线上学习的基础上，需要教师提供一定的教学指导和帮助才能够顺利进行深层学习。需要注意的是，课中教学与课前准备应当是有继承性的，数学活动也应当是连贯和层次递进的，这样才能围绕数学主题，形成教学的逻辑递进和体系化学习。教师在这一阶段开始前，需要依据课前准备阶段学生普遍反馈的问题和课前数学活动的完成情况，进行适当的梳理与调整，以便用更优化的教学设计和更富有启发性与针对性的数学活动来高效实现教学目标。教师将课前阶段学生学习的结果（包括学生课前阶段在线讨论、互动的观点，在线测评情况以及学生集中反映的问题）在课堂教学的前几分钟展示出来，因学生往往对自己主动得到的结果比较感兴趣，这样可使课堂教学的吸引力和针对性增强。在课前线上教学的基础上，教师再充分应用数学活动进行探究学习和重点突破，通过系统讲解使学生高效建立知识系统架构，而对于教学重难点，则需要启发性强的数学活动作为学生探究学习的"脚手架"，借助认知工具，完成对教学重点的掌握和对难点的突破，并在教学过程中尽可能多地开展多样化互动交流与协作，以研究性学习、合作性探究等教学形式引导学生进行知识拓展和深化学习。在数学活动开展过程中，教师既要提出明确的目标并在学习方法上进行一定的指导，引导学生发挥自己的积极性、能动性，也要给予恰当适时的帮助，提供知识和技能上的支持。对于学生在数学活动中提出的疑难困惑，教师可以采用个别指导或讨论交流的方式帮助解决，保证学生能够完成活动任务，并在活动中学有所得。数学活动应呈现出一定的阶梯性，让学生将其作为学习的"脚手架"，吸引学生积极主动参与数学活动，步步递进探究新知，确保数学活动探究的有效性，并在已有知识经验的基础上建构、更新知识体系。

（3）混合式教学的第三阶段，即课后阶段。这一阶段可以采用线上辅导教学和线下深化学习相结合的形式进行。这一阶段的教学有三个功能：一是学习归纳巩固、清晰梳理知识网络图式；二是学有余力的学生在教师的指导下深入探索，升华知识结构与学习能力；三是对学生的重点知识学习情况和能力培养进行评价，同时可以将学生的探究活动情况和任务成果予以展示，让学生分享学习与活动心得体会。另外，教师还可以提供一定数量的课堂知识扩展资源，丰富学生的知识，增加学生思维的广度，增强学生对数学知识实践意义的认识，培养学生对数学学习的兴趣。

混合式教学的三个阶段如图 3-3 所示。

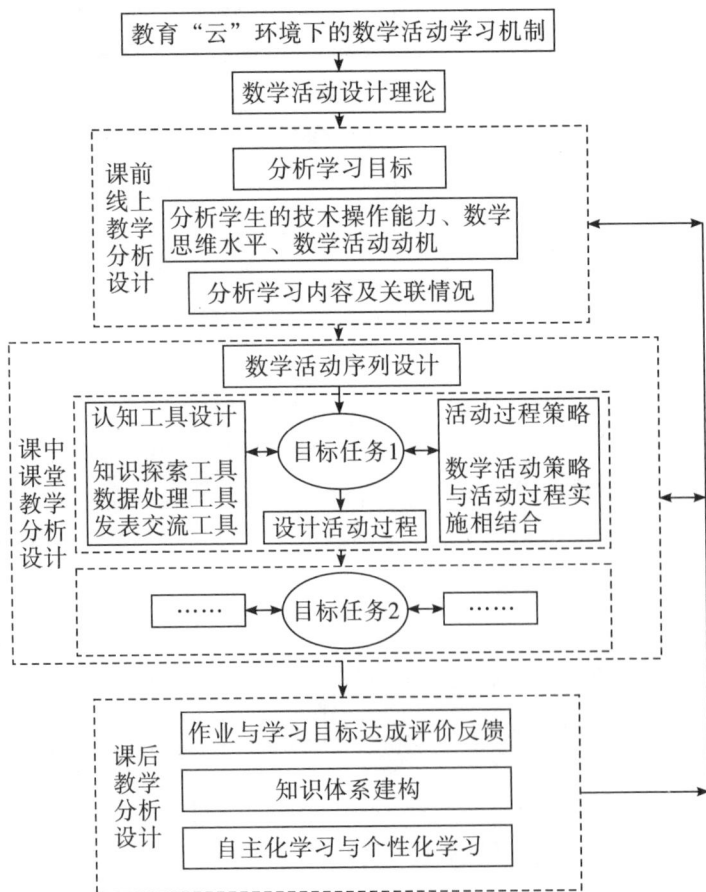

图 3-3 混合式教学的三个阶段

　　混合式教学的三个阶段都需要教师对学生学习进行过程性测评，并利用教育"云"平台的技术优势及时反馈，还要对学生在整个混合式教学中的表现与学习情况进行综合性评价。混合式教学评价的依据要比传统评价丰富得多，在教育"云"平台的支持下，学生在各个活动节点中的学习细节及学习态度表现等都会被详细地量化记录下来，这对学生高效学习、提升能力很有帮助。评价分为过程性评价和终结性评价，其中过程性评价更为重要，具体包括学生的阶段目标的达成情况、活动积极性、参与度、兴趣度等方面的评价；终结性评价建立在过程性评价的基础上，对学生最终学习结果进行评价，明确学生学习水平，以及测量教学目标达成度。这样系统的评价更有利于引导学生反思和调整在学习过程中展现出来的态度、方法等，有效加强学生自主学习意识和学习数学的主观能动性。

三、融合认知工具的初中数学混合式教学中的系列化主题活动

　　初中数学混合式教学的最大特色就是在整个混合式教学过程中加入了教学"锚链"——系列化主题活动，其目的是在数学认知工具的辅助下，通过一系列围绕教学主题的数学活动来突破数学学习中的重难点，有效建构和优化学生的数学知识体系，通过动手带动动脑，促进学生的观察力和思维力的形成，在数学活动中揭示数学知识的发生和发展，让学生经历知识的再发现和再创新过程，进而培养学生的创新能力。既让学生在真实问题情境下活学活用数学知识，又可以提高学生运用知识解决问题的能力，最终有效培养学生的数学核心素养。在混合式教学中引入系列化主题活动的另一个重要原因是通过活动可以有效克服线上教学中学生注意力分散、教学效果不理想的弊端。混合式教学包括线上教学和线下教学，线上教学由于师生教学时空分离，容易使教学监管弱化，同时网络呈现的知识有离散化和碎片化的特点，在教学中引入数学活动实际上起到了"教学吸积盘"的作用，借鉴网络游戏的成功之处，学生对富有挑战性和实践性的协同活动很感兴趣，线上教学如果仅仅是教师"主播"讲解，再加上知识单一呈现，学生是不会感兴趣的。但活动能有效促进学生动手、动脑，在操作中"做数学"，并在活动中与教师和同伴自然互动、交流、协作，能让学生在线上教学中围绕着"教学吸积盘"饶有兴趣地开展学习和探究。在线下课堂教学中引入系列化主题活动，又可以有效减少教师的"独角戏"成分，让活动成为知识建构的"脚手架"，充分体现学生的学习主体地位。

　　系列化主题活动作为初中数学混合式教学的"吸积盘"，在混合式教学中起到至关重要的作用，所以设计出好的系列化主题活动是确保混合式教学质量的关键。创意新、教学效果好的系列化主题活动设计应满足以下原则：

1. 主题鲜明

在初中数学混合式教学中，系列化主题活动一定围绕着教学目标和任务而设计，其优点在于活动教学更符合认知规律，可以更高效地实现教学目标和发展学生的数学核心素养。数学活动不应形式化，而应将其教学效果放在活动设计的第一位。在活动设计中，要明确要求其具备任务性和主题化特征。任务明确、主题鲜明的数学活动才能在混合式教学中为学生有效学习创造条件，并以学生最易接受的方式动态地呈现教学信息，辅助教师突破教学重难点。教师要依靠数学活动的"脚手架"作用最大限度地为学生提供学习辅助，利用系列化主题活动的"吸积盘"功能，为学生创造自主学习、自主探索、主动发现的教学环境。更重要的是，在主题鲜明的活动中，学生的学习由原来的被动接受转变为主动参与、自主探索、协作交流，从而学生成为数学知识的探索者，并在学习过程中成为真正的认知主体，也只有这样，才能让学生在学习数学的过程中获得情感激励，在顺利实现学习目标的同时切实发展数学核心素养。此外，混合式教学虽然倡导利用网络技术进行教学，但是目的是更好地完成教学任务，更高效地达到教学目标。鉴于网络的离散性和碎片化特征，混合式教学相对于传统教学而言，更加自由、独立、有个性。如果没有教学主题，混合式教学必然是低效、混乱的。线上教学虽然有利于学生自我意识和自学能力的发展，但也意味着教师对学生学习过程监督的减少，而初中学生的自我监督和自我约束意识还没有达到成熟的地步，学习注意力很容易分散，再加上网络信息杂乱弥漫，学生很容易受到与教学无关的信息的诱惑和影响。因此，教师更需要在混合式教学中通过主题活动来吸引学生，提出明确具体的学习任务和要求，在主题活动的引领下周密安排，按进度逐步完成具体的教学任务，避免混合式教学秩序混乱、学习效率低下等情况的发生。

2. 活动连贯递进

混合式教学是分阶段的，所以开展初中数学混合式教学也要根据不同的教学阶段，设计系列化主题活动并合理分配，让活动能够递进式地有效帮助学生学习，使其不断领悟、理解数学知识，同时逐步培养学生综合运用知识的实践能力。依据维果斯基提出的最近发展区理论，我们可以解释其设计的合理性，数学活动的难度如果没有梯度，开始阶段就要求过高，以学生自身的能力难以掌握，会导致学生产生消极的数学学习体验；如果难度过低，则又让学生觉得索然无味，无法进一步吸引学生的注意，导致混合式教学的目的无法实现。数学学科的特点之一就是逻辑性，同时数学学科高度的抽象性又导致许多学生在数学学习上感到吃力。系列化主题活动就类似知识"脚手架"，以学生的知识最近发展区为起点，按照逻辑线索对新的抽象数学知识进行系列化、层层递进的探究，并以恰当的形象思维逐渐破解抽象难题，让数学学习以符合初中学生认知规律和心理特点的方式主动进行。

在数学混合式教学中，系列化主题活动应该有连贯清晰的脉络。教师选取好数学活动的每一个分项，按照从低到高梯度的设计原则，安排合理的活动任务，将可能互相联系的材料整合起来，形成任务主题，然后围绕主题开展数学活动。在混合式教学各阶段设计出的系列化主题活动任务就是教学中的一串"锚链"，在教师的主导下，学生围绕数学任务"锚链"思考讨论、解决问题、建构知识，在高潮迭起的活动中推动学生无论是在课前、课中还是课后，都充分发挥自身的积极主动性，主动参与到学习活动中来，使学生的学习由被动接受转变为主动挑战和积极建构。

3. 生动有趣

现在的青少年是在互联网与网络游戏中长大的一代，"谈游戏色变"的时代已经过去，网络游戏宜疏不宜堵，如果能够将游戏的元素、机制恰当应用到混合式教学中，则可以顺势而为，有效提升在线教育质量。在游戏中，最吸引学生的机制就是趣味性、挑战性和生动性。皮亚杰提出："兴趣，实际上就是需要的延伸，它表现出对象与需要之间的关系。我们之所以对一个对象发生兴趣，是由于它能满足我们的需要。"在混合式教学中，活动式学习比教师灌输更能使学生产生兴趣，如果数学活动设计得更富有趣味和挑战性，则能吸引学生自己动手、动脑，让他们在学习过程中争做学习主人，充分展现自己，真正融入混合式教学，并在整个教学过程中保持学习兴趣。数学活动在设计之初就要考虑到学生好动、好玩的天性，利用学生的天性，通过"尝试、探究"活动来激发学生学习数学的好奇心，并从中体验到探索的乐趣，真正形成学习的"内驱力"，让数学学习变得愉快、具有挑战性。

4. 操作简单

研究表明，为学生提供更多自主控制的学习机会，其学习效果比仅仅提供教师指导的学习效果更好。在数学混合式教学中，数学活动与实验的根本任务是向学生提供主动探究学习的控制感，对学生混合式教学各个环节的数学学习起到技术上和认知上的支持作用。应明确说明的是，数学活动是为学习而不是为活动而开展的，其活动任务设计应将注意力放在数学活动对教学的启发上，而不是活动本身，不能喧宾夺主，因此数学活动在设计和设置的时候必须考虑其操作的简便性，活动操作要步骤清晰、易于掌握。那些设计复杂、操作烦琐的数学活动不但对教学没有帮助，反而还会干扰教学主题，进而阻碍主要教学任务的顺利完成。对于此问题，可以从教学系统结构观点上很好地予以解析，网络技术环境下的课堂教学要素除了学生、教师、教学资料之外，还有一个不可忽视的重要要素——以计算机为主的信息技术认知工具，在混合式教学中，还多了数学认知工具。在教学中，这些要素之间的关系量之和是基本恒定的，也就是说，如果在教学中某一个要素所占的比重增加，其他要素所占的比重就会减少，从理论上解释，如果活动本身操作过于复杂，那么就会挤占教学中其他要素的空间，冲淡教学主题，不利于教学任务的完成。实践中也常有复杂活动将教师和学生弄得手忙脚乱、课堂效果大打折扣的情况发生。因此，相对于教学中物质性与社会性这两大结构要素理论，结合教学实践经验来平衡混合式教学中两大要素的关系是教学设计中必须要考虑的，物质性要素中的信息技术认知工具和数学认知工具要简单易用，社会性要素中的师生互动要清晰明了，师生参与数学活动更要务实并具有较好的可操作性，这样才能形成良性均衡的教学结构，共同促进教学任务顺利和谐地完成。

5. 开放拓展

数学混合式教学中，开放性的教学形式和探究性的学习形式是其具有吸引力的重要因素。首先，系列化主题活动改变了教学模式，该模式给学生搭建了学习活动平台，学生在平台上自然成为学习主体，通过动手、动口、动耳、动脑的多维度活动，充分表现出自己的理解、见识、创新和想象力。其次，混合式教学中设置的数学活动只具有主题性，没有固定刻板的操作方法和实验途径，允许学生在数学活动与实验过程中得出不同层次的结论，活动的始终，教师也只起到指导作用，所以活动就具有了开放性和拓展性。这样的活动才能真正体现新课程标准的价值取向，达到有效培养学生数学核心素养的目标。在此要求下，教师在设计初期就要有意为数学活动与实验任务留有一定的开放空间，尤其是在线下教学中，在让学生完成基本教学目标的基础上，教师可根据活动开展的情况适度向外拓展探究内容，用探究性活动进一步促使学生自主学习与研究。探索的知识空间对于学生来说是充满好奇的，远比单纯的听讲更有魅力。再次，数学活动与实验任务的开放性还表现在其应考虑与学生现实生活相联系、与其他学科相联系、与学生喜欢并乐于驾驭的网络新科技相联系，用数学活动引领，使数学教学由原来单纯逻辑演绎型的讲解教学转变为创设情境、深度体验、自主探索、协作学习、会话商讨等新型教学，从根本上消除传统课堂以讲授为主的教学顽疾，让整个教学系统趋于开放、民主和相对宽松，为课堂教学改革引入新形态、新结构。最后，在混合式教学中，以往的纸质教材不是学生唯一的学习内容和知识来源，借助现代信息手段，可用的教学资源形式更加多样化，教学资源的选择不再局限于文本、图片等静态形式。有了网络和信息技术的支持，学生在自主学习中可以获得多种学习对象的帮助，包括教师、同学、教育"云"平台、数学认知工具以及其他丰富的社会资源。由于在混合式教学中，教学资源比传统单一纸质教材更为丰富，并且教学资源的选择更加自由、实施方式更加灵活多样，因此就有必要在如此丰富多样的信息组合中对教学资源进行主题化规范，使原本离散的教学信息凝聚生成系统性、开放性兼具的教学资源库，这样才能使开放性教学资源库对学生的深刻理解、认知及创新具有指导和辅助意义。具有开放性的同时兼顾系统性的多媒体化、互动性高的混合式教学资源才能促进教学结构要素地位的良性转变，并将促使教学过程和形式发生更有利于学生自主学习的变化。

四、融合认知工具的初中数学混合式教学中的评价

混合式教学是对初中数学传统教学的一种革新。教学无论其形式如何变化，最终目的都是让学生掌握知识与技能，在教学过程中生成有效的方法与思想，提高解决问题的能力，并且培养情感态度与价值观，促进学生全面发展和丰富核心素养。这些目标的落实，均需要进行教育测量和评价，所以在实施数学系列化主题活动混合式教学的过程中和结束后，必须建立与之相适应的质量评价体系，对学习结果和以上教学目标达成情况进行测量和评价，及时反馈教学信息，确保教学质量，并以全面和规范的评价为依据，提供教育教学改进措施，促进教师和学生更有效地进行下一步学习。

传统评价由于理念和技术的限制，评价方式多为静态终结性评价，侧重将知识技能掌握情况作为主要评价内容。其中考试测验就是最常用的评价学生知识技能掌握情况的方式。此类终结性评价侧重于学习结果，以分数作为评价学生的主要标准，忽视了对学生学习过程的动态评价，无法对学生的创新意识和能力进行科学测量，尤其缺乏对学生情感态度与价值观的考查，其缺陷是显而易见的，因此，只能用来考查学生数学核心素养中的一小部分，无法测量学生学习发展全貌。随着教育技术的发展，尤其是网络数字教学技术及教育"云"平台的成熟，在实施混合式教学时，完全可以运用网络平台的实时记录功能准确了解学生的学习情况，及时进行动态评价并反馈，让评价过程化、记录动态化、指标数字化，让综合分析评价成为现实。在系统性评价中，教师可以全过程、个性化跟踪学生的学习综合量化指标，在及时调整教学的同时指导学生不断改进自己的学习方式和节奏，优化学习。例如，为适应混合式教学而设计的全过程和全方位评价体系，就体现了核心素养培养所要求的评价全面化特征。数学混合式教学评价体系包括对线上教学与线下教学的评价内容，利用教育"云"平台的技术支持，可以实时自动评价线上作业并开展测试，给出综合分析量表，还可以进行教师和学生之间、学生协作小组之间的教学互评，及时反馈学生参与数学活动、进行自主探究的情况，以及评价活动中学生表现出的主动性、参与度、学习兴趣等。在教育"云"平台上还可以进行学生的自评与总结、学生互评、教师点评、论坛讨论、团队协作、成果汇报等，从多角度充分考查评价学生在混合式教学过程中参与活动的行为、态度、协作、创新等情感态度与价值观方面的学习指标。全面的评价内容有助于学生从多方面、多角度客观认识自身发展，形成有

效的自我激励。

　　融合了数学活动的混合式教学的核心是系列化主题活动，并在活动中运用数学认知工具进行知识探索、发现、归纳、反思，这是培养学生创新能力的重要环节。加强学生数学核心素养的中心功能，对系列化主题活动的效果进行评价尤为重要。但由于活动具有开放性，对这一部分内容不适合用单纯的分数进行单维化评价，而应采用定量和定性相结合的综合性评价，在此基础上运用 AHP 分析模式，以不同评价主体作为研究对象，分别确定评价指标权重，将定性分析与量化数据结合在一起，相互证明，如此才能对学生在数学活动中的学习情况作出较为全面、客观的分析与评价，并以评价反映出学生对数学知识的掌握情况以及学生在活动中的动手操作、逻辑归纳和创新运用能力。多指标、多层次、多角度的评价会对学生的数学学习产生积极效果，鼓励学生连续进行数学活动，主动学习。以培养学生的自我激励、自我反思、自我监督、自我调控能力为主的评价工作才具有正面作用。同时，在网络技术的支持下，可以建立多元的科学评价指标体系，承认学生的个性发展。混合式教学的评价不应只是一把尺子，以单一的评价向度作为唯一的评价指标，而应当将过程性评价和终结性评价整合统一，坚持评价主体多元化的原则，调动学生发展的积极性、主动性，鼓励学生的创新意识和能力发展①。在此视角下，融合认知工具的初中数学系列化主题活动混合式教学评价着眼于学生的个体差异，强调学生全面发展与个性发展的和谐统一，在促进学生基本素质全面发展的基础上为学生的个性发展提供催化剂和助推力。

　　混合式教学质量评价突破了传统课堂范围的限制，带来了评价要素的增加。在混合式教学中，评价要素既包含课上课下的整合设计评价，尤其重要的是对系列化主题活动设计的评价，还包括教学资源建设、课堂面授教学以及课下在线指导等方面的评价。综合评价体系促使教师除了进行知识传授和技能培训之外，还承担起培养学生分析、解决问题的能力及活动能力的任务，并且在活动中关注学生的交流协作以及良好的学习习惯与积极的学习态度的养成，加强了数学教师的育人工作。因此，与传统评价系统相比，混合式教学的评价要素更多，但具体到操作上可以整合到学生、教师、教学内容和认知工具等要素上加以评价。

　　（1）对混合式教学过程中学生学习效果的评价。

　　数学混合式教学体系性评价结构建立在培养学生数学核心素养的理念上，并对传统数学课堂教学评价方式进行必要的改革。该评价体系依据数学新课程标准，在评价方式上实现多维化，在评价主体上呈现多元化，从而实现评价内容上的系统化和全面化。

　　首先，评价方式实现多维化。数学混合式教学与传统教学相比，体现出学生

---

① 李露露. 初中数学混合式教学的应用与实践［D］. 济南：山东师范大学，2019.

线上自主学习和网络教学的鲜明特色，学生的学习呈现出多阶段特性，所以在实际教学质量评价中不仅要体现出结果评价，还要重视过程评价。以往传统的教学评价只单一体现在学生终结测试成绩上，很难客观且全面地评价学生的整个学习过程，这种单一的评价模式显然不适合混合式教学所表现出多阶段的新特性，混合式教学的评价必须综合考虑线上和线下各个教学环节。与此同时，在考虑融合认知工具的数学活动与实验的混合式教学中，还要增加教学工具要素与学生学习效能之间关系的考量，必须注重将学生各阶段学习中的过程性评价与终结性评价结合起来，让评价体现过程和结果的协调统一。

其次，评价主体呈现多元化。在以往的传统教学中，对学生的学习评价很多时候都以教师为主，学生的学习效果也只能被动地由教师进行评价。因为教师的视角并不全面，所以这样的教学评价不能准确而全面地反映出学生的客观学习效果。当然这样的评价也是过去教育技术跟不上的无奈之举，在网络技术和教育"云"平台的支持下，评价主体可以由教师和学生共同组成，除了教师的评价外，学生可以自评，学生之间可以互评，构成多元化评价。

（2）对混合式教学过程中教师主体效能的评价。

在数学混合式教学模式下，教师质量评价指标与教师的素质和态度、混合式教学的内容设置、系列化主题活动设计以及教学组织等有着一定的联系，评价主体主要为专家、督导、学生及教学管理人员。从专家和督导的评价作用上来看，由于对课下在线教学环节的了解较少，其教学评价重点需要放在课堂教学环节，主要应承担课堂教学效果测评与指导功能，重点考查混合式教学的学科素质与教学呈现、教学内容选择与设计、教学组织情况以及学生参与度等方面。另外，专家和督导可以调阅教育"云"平台上的活动资料，借助资料和互动记录来了解学生在课下的学习情况和教师给予的指导情况。专家评价的重心需要放在混合式教学的设置是否有利于培养学生数学核心素养、是否达到课程标准要求以及在线学习指导是否到位等方面，并需要在评价指标的选择与权重上有所区分。

（3）对混合式教学过程中系列化主题活动与认知工具整合情况的评价。

数学混合式教学中的教学主脉络是系列化主题活动，活动的合理开展与否及设计水平直接关系到混合式教学的效能以及教学资源建设能否良性构建。结构优良且效果显著的活动案例值得推广并让教师群体借鉴，群策群力，在实际教学中不断创新和改进，这样更有利于发挥混合式教学质量评价对课程教学的引导和促进作用。对于系列化主题活动与认知工具整合情况的评价应注重系列化主题活动是否符合混合式教学的目标要求、活动内容能否有效激发学生学习兴趣并引发深度学习、数学活动和实验与数字化认知技术融合的程度、所采用的数学认知工具对于拟达到的学习目标是否必要等方面。此外还需要强调的一个评价要点是教学中所运用的数学认知工具要简洁易用，对初中学生的技术要求不能过高，否则活动和认知工具反而成了干扰，加重了学生的认知负荷，对实际教学效果起到相反的作用。

通过评价不断优化混合式教学效能，让融合认知工具的数学混合式教学成为不断优化、提高的过程性教学，如此才能充分调动学生的积极性、参与度，从而使其获得可持续的发展动力。

第四章　融合认知工具的初中数学 混合式教学案例

　　掌握数学知识并形成解决问题的能力一般要经历学习、实践、归纳、应用等阶段。学习过程是以学生为主体的知识发生过程，而基于问题导向的活动实践过程是知识再发现、再创造的过程，是由学生根据自身已有的数学经验进行"建模"的过程，也是对知识进行验证及应用的过程，做到熟练应用才是真正掌握知识的标志。以往的传统教学往往忽略了这一步，虽然学生涉及的学习领域不断扩展，但是学生先前只重视单纯记忆书本信息，明显缺乏对知识的深入加工，没有形成体系化知识，更不具备熟练应用知识的能力。由于学生的知识结构和应用经验有限，学生自身知识图式构建速度跟不上教师上课的知识灌输速度，学生就会感到学数学越来越难，越来越不得要领，随之产生无力感甚至厌倦，教师教学也开始举步维艰。数学系列化主题活动混合式教学则在数学认知工具的辅助下，通过线上与线下教学过程为学生学习数学与思考问题创造一个愉快和谐的活动环境，让学生在活动和实验中学数学、"做数学"，让学生在亲身体验中感性认识数学知识的发生与发展，并理性地做出数学抽象与逻辑思考，在由感性到理性的合理过渡中与已有的知识结构相联系，发生相互作用，积累新经验，内化新知，建构新认知结构。

　　本章将用三个不同类型的混合式教学案例详细说明，融合数学认知工具，充分运用初中数学系列化主题活动混合式教学的基本方法和策略：从真实情境或者实例出发→运用数学认知工具（认知软件或认知实物）进行系列化主题活动或实验→发现其中蕴含的数学知识或规律→在教师的启发下，学生自主观察、发现并提出猜想→在教师的主导下，学生进行论证→完成新知构建→进一步深化学习。根据这一教学方法和策略，可以把线上线下系列化主题数学活动与实验教学概为五大基本步骤：创设情境、动手实验、提出猜想、验证猜想、深化学习。

第一节　以数学软件为认知工具的
主题活动混合式教学

　　探索建构式数学实验活动是目前初中数学主流的活动与实验教学模式。基于数学活动与实验具有的综合性特点，既可以将验证性质的数学活动与实验继续发展形成知识体系，又可以将数学活动与实验中操作化理解的效果移植到对知识结论的掌握上，还可以在数学活动与实验的基础上进一步深化学习和探究。探索建构式数学实验活动的目的是让学生在观察、测量、计算等活动与实验的基础上，通过归纳、类比、概括等逻辑推理方法建立具有一定层次的结构化数学思想。学生在问题导向下，通过对数学活动和实验材料的"数学化操作"，在过程中不断感知、认知，在学习中发展思维，进而激发探究的兴趣，深化学习，在数学活动与实验的具体操作过程中不断产生新的求知欲。这种数学活动一般都是以数学实验课的形式，利用计算机搭建的虚拟实验平台的数值计算、精确定位、动态绘图等功能，按照数学活动的步骤，最终完成活动与实验任务来实现的。数学活动与实验探究教学模式自实施以来就得到数学教师和学生的广泛认可，但是也在教学实践中出现一些值得商榷的问题，由于实验探究需要较长的时间，在有限的课堂教学时间内往往进行不了细致的实验活动，数学探究要么蜻蜓点水，要么进行数学活动后无法按时完成其他教学内容，数学探究课堂的深度和广度也无法达到预期目标。问题的症结就在于有限的课堂教学时间和数学活动的效率不匹配。研究是需要时间来保证的，鉴于混合式教学具有线上和线下两个阶段教学的特点，尤其是课堂外的空间大、时间足，可以让系列化主题数学活动与实验有充足的时空保证，只要数学活动与实验设计符合学生的认知规律和特点，学生就可以在教师的有效引导和活动的牵引下，用足时间，充分探究。教学事实表明，学生对信息媒体的使用具有天然的亲和力，"几何画板"等动态性数学软件本身对学生也有一定的吸引力，学生在操作数学软件的同时就在感悟数学、理解知识。融合认知工具的学习方式让学生充满好奇，这也是明确提出人工制品教育功效实施的分布式认知理论所倡导的。

　　下面运用系列化主题活动混合式教学方式对"二次函数 $y = ax^2 + bx + c$ 的图象和性质"进行"探索建构式"数学实验设计。

一、课前阶段

　　在系列化主题活动混合式教学的课前阶段，教师着重分析学生的学习基础、学生对基本型二次函数 $y = ax^2$（$a \neq 0$）的掌握情况。基本型二次函数的图象由二次项系数 a 决定，其他形式更为复杂的二次函数的图象都是由基本型二次函数 $y = ax^2$（$a \neq 0$）的图象通过平移得到的，所以在课前阶段通过混合式教学巩固基本型二次函数 $y = ax^2$（$a \neq 0$）的图象和性质是顺利进行后续学习的基础，可以起到举一反三的作用，同时设计数学活动引起学生的学习兴趣是混合式教学前期的重要工作。

课前阶段	
学生学习情况分析	
学生课前学习特征	①思维特点：初三学生的认知结构较初一、初二已有较大的变化，数学思维中抽象逻辑思维逐渐占据主导地位，学生具有一定的自主学习能力，但对于复杂问题的处理仍然需要由具体形象思维向抽象逻辑思维逐步转化，借助数学实验对学生构建复杂数学认知和抽象思维、进行正确逻辑推理有很大的帮助。 ②认知基础：初三学生已经学习过二次函数的定义以及基本型二次函数 $y = ax^2$（$a \neq 0$）的图象和性质，具备用描点法绘制二次函数抛物线图象的能力，形成了一定的数形结合数学思想，掌握了基本型二次函数的基本性质。前期学生还学习了具有 $y = ax^2 + k$（$a \neq 0$）和 $y = a(x-h)^2$（$a \neq 0$）形式特征的二次函数图象与 $y = ax^2$（$a \neq 0$）的图象的关系，掌握了"它们的图象分别是由 $y = ax^2$（$a \neq 0$）的图象通过向上（$k > 0$）、向下（$k < 0$）平移 $|k|$ 单位，向左（$h < 0$）、向右（$h > 0$）平移 $|h|$ 单位得到的"这一重要知识点，并且学生可以顺利求得 $y = ax^2 + k$（$a \neq 0$）和 $y = a(x-h)^2$（$a \neq 0$）形式的二次函数的顶点坐标和对称轴方程。学生可以依据函数平移的情况、图象的顶点坐标以及对称轴说出二次函数的基本性质。这些已经掌握的知识是学生学习二次函数一般式 $y = ax^2 + bx + c$（$a \neq 0$）的图象和性质的重要基础。 ③认知工具使用情况：学生可以熟练使用网络技术和教育"云"平台，也可以流畅运用网络交互软件；在教师的培训下，学生基本掌握了"几何画板"软件的操作，在教师的指导下，可以运用"几何画板"软件进行规定的操作和数学探究学习。
学习方式	混合式教学中的课前线上教学。

（续上表）

学习内容	《义务教育数学课程标准（2011 年版）》明确提出，二次函数部分的学习要求学生"通过对实际问题的分析，体会二次函数的意义。会用描点法画出二次函数的图象，通过图象了解二次函数的性质"。二次函数部分的教学内容是初中数学中最为复杂的一个知识点，二次函数的知识点还联系着一元二次方程和一元二次不等式，综合性很强，是初中数学知识中的重难点，也是中考热点，还是初中数学和高中数学衔接的桥梁，与后续高中数学知识联系紧密。初中数学教学计划将二次函数的学习内容安排在九年级下册，因此，二次函数教学就成了初中数学学习的重点内容，对初中数学教学具有重要意义。 二次函数的教学目标： ①知识与技能目标：掌握二次函数一般式的基本概念、图象和性质；能够根据实际问题建立二次函数模型；能用描点法画出二次函数一般式的图象。 ②过程与方法目标：掌握研究二次函数一般式的方法，体会二次函数中蕴含的数形结合等重要数学思想；经历数学建模基本过程，培养学生综合应用二次函数知识的能力。 ③情感态度与价值观目标：深刻体会数形结合等数学思想，培养学生对数学活动的兴趣与情感，增强学生在实际生活中应用数学知识解决实际问题的意识与能力，体会数学与生活的密切联系以及数学知识的应用价值。
教师教学分析	
教学设想	初三学生在数学逻辑思维上已经得到迅速而明显的发展，因此，在学习方法的选择上可以更加多元。这一阶段，学生对新知识的接受能力较强，但在对知识的主动探索方面比较薄弱。在二次函数实际教学活动中，教师要尽量多采用数学活动与实验的方法，在教师的主导下，学生自主学习、合作探究，主动建构起二次函数知识体系，掌握探究方法。同时要注意的是，学生在自主探究过程中所获得的知识是相对零散的，所以在开展教学时应采用系列化主题活动教学，在教师的引导下，通过主题探究活动将零散的知识点整理为系统的知识体系，有效防止网络教学和活动过程的无序与低效。二次函数在初中数学教学和中考考查中都占有重要地位，是初中数学教学的重难点，应通过系列化线上和线下数学活动与实验，加大教学力度，促使学生熟练掌握基础知识，筑牢"双基"，同时引导学生深刻理解其蕴含的方程与函数、数形结合等重要数学思想，发展学生的数学核心素养。

（续上表）

教学重点	在教师的指导下，围绕数学活动主题，掌握二次函数一般式 $y = ax^2 + bx + c$（$a \neq 0$）的图象，运用数学认知工具，通过数学活动与实验探究的方法揭示二次函数图象的平移规律，探究二次函数 $y = ax^2 + bx + c$（$a \neq 0$）的性质。		
教学难点	二次函数一般式 $y = ax^2 + bx + c$（$a \neq 0$）的图象、性质及平移规律。		
教学支持	"腾讯课堂"、班级授课微信群、教育"云"平台、"几何画板"软件。		
预习教学过程			
教学内容	教师工作	学生学习	设计意图
课前线上教学	①发放预习学案。②通过"课前活动1"（数学动态实验探究活动）在计算机上运用"几何画板"软件带领学生复习和巩固知识：$y = ax^2$（$a \neq 0$）的图象和基本性质。③通过"课前活动2"（数学动态实验探究活动）在计算机上带领学生复习和巩固知识：$y = ax^2 + k$（$a \neq 0$）以及 $y = a(x - h)^2$（$a \neq 0$）的图象和基本性质。④通过数学微课向学生展示"$y = ax^2 + k$（$a \neq 0$）和 $y = a(x - h)^2$（$a \neq 0$）形式的二次函数图象是由基本型二次函数 $y = ax^2$（$a \neq 0$）的图象通过平移得到的"这一基本规律。	①在教师的带领下，学生在教育"云"平台下载"课前活动1"实验活动课件，跟随教师以数学实验的形式巩固 $y = ax^2$（$a \neq 0$）的图象和基本性质。②学生在教育"云"平台下载"课前活动2"实验活动课件，跟随教师以数学实验的形式进一步深刻理解和巩固 $y = ax^2 + k$（$a \neq 0$）和 $y = a(x - h)^2$（$a \neq 0$）形式的二次函数的图象和基本性质，并通过网络交互，说出这两种形式的二次函数与基本型二次函数 $y = ax^2$（$a \neq 0$）的联系和区别。③通过教育"云"平台，学生观看教师发放的数学微课，在数学微课中生动形象地理解与记忆"$y = ax^2 + k$（$a \neq 0$）和 $y = a(x - h)^2$（$a \neq 0$）形式的二次函数图象是由基本型二次函数 $y = ax^2$（$a \neq 0$）的图象通过平移得到的"这一基本规律；在班级授课微信群中进行小	通过课前线上教学活动，学生在教师的带领下围绕活动，以生动的形式复习巩固前期学习的二次函数基本内容和平移规律。深刻理解基本型二次函数的图象、性质和平移规律。熟练掌握"其他形式二次函数的图象都是由基本型二次函数 $y = ax^2$（$a \neq 0$）的图象通过平移得到的"这一基本规律，为混合式教学第二阶段线下课堂教学的深入探究打下扎实的基础。在活动过程中，教师还要及时收集学生反映的问题，为个性化学习指导提供依据。

（续上表）

教学内容	教师工作	学生学习	设计意图
课前线上教学		组讨论，学生尤其要注意二次项系数 a 对抛物线形状和开口方向起到的决定作用，并将结论和设想通过教育"云"平台提交给教师。	
预习作业上传	教师利用网络收集所有学生上传的预习学案；要求学生在平台上用"几何画板"软件绘制出二次函数 $y=\frac{1}{2}(x-2)^2+3$ 与 $y=\frac{1}{2}x^2-2x+5$ 的图象，并说明这两个函数的图象特点。	学生上传已完成的预习学案；按照要求用"几何画板"软件绘制出二次函数 $y=\frac{1}{2}(x-2)^2+3$ 与 $y=\frac{1}{2}x^2-2x+5$ 的图象，将图象和对图象的理解说明上传至教育"云"平台讨论区。	通过及时反馈，将学生在课前活动中产生的问题分类总结，在课堂教学中讲清重点、突破难点、解释疑点。

二、课中阶段

课中阶段采用的是线下课堂集体授课形式。在这一阶段，教师与学生在课堂中面对面地解决课前预习阶段遗留的问题，并一起利用活动探究的方法学习重点内容，即二次函数一般式 $y=ax^2+bx+c(a\neq0)$ 的性质和图象平移规律。学生在教师的主导下将零散的知识系统化，在活动中建构完整的二次函数知识体系。

另外，教师根据学生在预习阶段的反馈情况，发现学生的主要问题集中在二次函数的顶点及图象方面，因此课中阶段的教学重点将放在这两个方面。例如，学生在线上课前预习阶段反馈的问题集中在"二次函数 $y=\frac{1}{2}x^2-2x+5$ 的顶点坐标是如何找到的"，这正是本节课需要学习的重点。针对学生的疑问，线下课堂教学就可以做到"不愤不启，不悱不发"。

<table>
<tr><td colspan="2" align="center">课中阶段</td></tr>
<tr><td colspan="2" align="center">教师教学分析</td></tr>
<tr>
<td>教学
设想</td>
<td>运用"数学认知工具＋数学主题活动"的探究教学模式，对课前活动中存在的问题进行释疑；让学生掌握将二次函数一般式 $y=ax^2+bx+c$（$a\neq0$）通过配方法化归为二次函数顶点式 $y=a(x-h)^2+k$（$a\neq0$）的方法，并且得出二次函数顶点坐标 $\left(-\dfrac{b}{2a},\ \dfrac{4ac-b^2}{4a}\right)$ 和对称轴方程 $x=-\dfrac{b}{2a}$，这是本节课的教学重难点；在教师的主导下，根据前段学习基础，让学生自主探究并掌握二次函数一般式 $y=ax^2+bx+c$（$a\neq0$）如何由基本二次函数 $y=ax^2$（$a\neq0$）通过平移得到的规律；在"几何画板"软件的辅助下，让学生动手操作、动脑思考；在数学主题活动中启发认知、探求规律、掌握重点、突破难点，并结合学生小组讨论，充分促使学生自主学习；在进一步探究二次函数的性质和运用二次函数知识解决相关综合性问题的基础上深化学习。</td>
</tr>
<tr>
<td>学习
方式</td>
<td>混合式教学中的线下课堂教学。</td>
</tr>
<tr>
<td>学习
内容</td>
<td>通过对课前线上教学中主题活动的延续，教师指导学生用"几何画板"软件绘制出 $y=\dfrac{1}{2}(x-2)^2+3$ 与 $y=\dfrac{1}{2}x^2-2x+5$ 的图象并进行比较，很容易发现两个图象是完全重合的，说明这两个函数是表现形式不同的同一个二次函数；对于二次函数来说，关键是其抛物线的顶点和对称轴，如果求二次函数 $y=\dfrac{1}{2}x^2-2x+5$ 的顶点坐标和对称轴，就要将其转化为二次函数顶点式 $y=\dfrac{1}{2}(x-2)^2+3$。教学以活动和实例引导学生探讨如何完成这样的转化，教师应适时提示学生注意完全平方公式的运用，将二次函数一般式 $y=ax^2+bx+c$（$a\neq0$）通过配方法化归为二次函数顶点式 $y=a(x-h)^2+k$（$a\neq0$），并且得出顶点坐标 $\left(-\dfrac{b}{2a},\ \dfrac{4ac-b^2}{4a}\right)$ 和对称轴方程 $x=-\dfrac{b}{2a}$；在"几何画板"软件辅助的数学活动中进一步启发学生可以将 $y=ax^2$（$a\neq0$）的图象左右平移得到 $y=a(x-h)^2$（$a\neq0$）的图象，再将 $y=a(x-h)^2$（$a\neq0$）的图象上下平移就可以得到 $y=a(x-h)^2+k$（$a\neq0$）的图象，展开式就是 $y=ax^2+bx+c$（$a\neq0$）。至此，运用逆向思维探究得出"二次函数一般式 $y=ax^2+bx+c$（$a\neq0$）的图象是由基本型二次函数 $y=ax^2$（$a\neq0$）的图象通过平移得到的"这一基本规律。</td>
</tr>
</table>

（续上表）

教学目标	知识技能	掌握将二次函数一般式 $y = ax^2 + bx + c$（$a \neq 0$）通过配方法化归为二次函数顶点式 $y = a(x-h)^2 + k$（$a \neq 0$）的重要方法；熟练得出顶点坐标 $\left(-\dfrac{b}{2a}, \dfrac{4ac-b^2}{4a}\right)$ 和对称轴方程 $x = -\dfrac{b}{2a}$；在找到二次函数顶点和对称轴的基础上，根据先前掌握的基本型二次函数 $y = ax^2$（$a \neq 0$）的情况迁移性地描述二次函数一般式 $y = ax^2 + bx + c$（$a \neq 0$）的性质，同时会用描点法画出二次函数一般式 $y = ax^2 + bx + c$（$a \neq 0$）的图象。
	过程方法	运用数学主题活动探究二次函数一般式 $y = ax^2 + bx + c$（$a \neq 0$）的图象和性质，并运用逆向思维探求由 $y = ax^2$（$a \neq 0$）的图象通过平移得到 $y = ax^2 + bx + c$（$a \neq 0$）的图象的规律。
	情感态度	自主学习，主题互动，小组协作，在数学认知工具的辅助下感受数学的美和神奇，提高数学逻辑思维、化归和数形结合等能力，培养学生的数学核心素养。
教学重点		①将二次函数一般式 $y = ax^2 + bx + c$（$a \neq 0$）通过配方法化归为二次函数顶点式 $y = a(x-h)^2 + k$（$a \neq 0$）。 ②在数学认知工具的辅助下，结合活动探究二次函数一般式 $y = ax^2 + bx + c$（$a \neq 0$）的图象平移规律和性质。
教学难点		由完全平方公式 $(m \pm n)^2 = m^2 \pm 2mn + n^2$ 的逆向使用、完全平方公式的因式分解 $m^2 \pm 2mn + n^2 = (m \pm n)^2$ 的过程启发学生将二次函数一般式 $y = ax^2 + bx + c$（$a \neq 0$）化归为二次函数顶点式 $y = a(x-h)^2 + k$（$a \neq 0$），并求其顶点坐标 $\left(-\dfrac{b}{2a}, \dfrac{4ac-b^2}{4a}\right)$ 和对称轴方程 $x = -\dfrac{b}{2a}$。
教学支持		网络多媒体投影、以小组为单元的移动智能终端、"几何画板"软件。

（续上表）

教学过程			
教学内容	教师工作	学生学习	设计意图
情境引入	①在网络多媒体教学平台上展示学生课前预习中用"几何画板"软件绘制出的两个函数 $y = \frac{1}{2}(x-2)^2 + 3$ 与 $y = \frac{1}{2}x^2 - 2x + 5$ 的图象，教师点评时要强调这两个函数图象是同一条抛物线，说明它们其实是函数解析式形式不同的同一个函数。②教师在多媒体投影上发布两个数学活动任务，要求学生以小组合作形式用移动智能终端——平板电脑完成活动并展示。活动1：在同一坐标系内画出函数 $y = \frac{1}{2}x^2$、$y = \frac{1}{2}x^2 + 3$、	学生在教师的主导下，以小组为单位分组、合作、交流，运用"几何画板"软件进行活动1与活动2，发现并强调将二次函数 $y = \frac{1}{2}x^2$ 的图象向上平移3个单位可以得到 $y = \frac{1}{2}x^2 + 3$ 的图象；将二次函数 $y = \frac{1}{2}x^2$ 的图象向下平移3个单位可以得到 $y = \frac{1}{2}x^2 - 3$ 的图象，并分别写出它们的顶点坐标和对称轴。$y = \frac{1}{2}x^2$ 的顶点坐标是（0，0），对称轴是 $x = 0$。$y = \frac{1}{2}x^2 + 3$ 的顶点坐标是（0，3），对称轴是 $x = 0$。$y = \frac{1}{2}x^2 - 3$ 的顶点坐标是（0，-3），对称轴是 $x = 0$。对于活动2，将二次函数 $y = \frac{1}{2}x^2$ 的图象向左平移2个单位可以得到 $y = \frac{1}{2}(x+2)^2$ 的图象，将二次函数 $y = \frac{1}{2}x^2$ 向右平移2个单位可以得到 $y = \frac{1}{2}(x-2)^2$ 的图象；分别指明 $y = \frac{1}{2}(x+2)^2$ 的顶点坐标是（-2，0），对称轴是 $x = -2$；$y = \frac{1}{2}(x-2)^2$ 的顶点坐标是（2，0），对称轴是 $x = 2$。	①展示学生的课前作业：$y = \frac{1}{2}(x-2)^2 + 3$ 与 $y = \frac{1}{2}x^2 - 2x + 5$ 的图象，强调这两个函数的图象是同一条抛物线，说明它们其实是函数解析式形式不同的同一个函数，引起学生的好奇心，为正式讲解配方法做好情境铺垫。②运用活动1和活动2，让学生通过操作"几何画板"软件，获得二次函数图象平移学习体验，让学生对二次函数图象平移有深刻的感性认识，为下一步由基本型二次函数的图象平移得到一般式的图象打下扎实的基础。③教师讲清活动1和活动2中抛物线在同一坐标系中的分布，并以动画形式展现它们的位置变化过程，帮助学生建立平移转换思维，同时以列表形式比较它们顶点坐

（续上表）

教学内容	教师工作	学生学习	设计意图
情境引入	$y=\frac{1}{2}x^2-3$ 的图象，说明它们的图象特点、性质以及图象的位置关系。活动2：在同一坐标系内画出二次函数 $y=\frac{1}{2}x^2$、$y=\frac{1}{2}(x+2)^2$、$y=\frac{1}{2}(x-2)^2$ 的图象，说明它们的图象特点、性质以及图象的位置关系。		标的位置关系。让学生注意到图象顶点坐标的位置关系，为后续理解"图象的平移实际上可以通过顶点定位来实现"这一拓展知识打下基础。
课堂教学小组探究	活动3：引导学生思考二次函数 $y=\frac{1}{2}x^2$ 与 $y=\frac{1}{2}(x+2)^2-3$ 的图象异同，发现它们的图象形状和开口方向是完全相同的，不同的是它们的图象位置。进一步在活动1和活动2的基础上，让	学生自主完成活动3并与小组交流。学生运用"几何画板"软件在同一坐标系内画出二次函数 $y=\frac{1}{2}x^2$ 与 $y=\frac{1}{2}(x+2)^2-3$ 的图象，指出它们的开口方向、对称轴、顶点坐标和图象的位置关系。学生在运用"几何画板"软件绘制出二次函数 $y=\frac{1}{2}(x+2)^2-3$ 的图象后，在同一坐标系中对比观察 $y=\frac{1}{2}x^2$ 的图象，可以发现两个函数图象的形状和开口方向是完全相同的，不同的只是它们的图象位置。学生在教师的引导下，结合"情境引入"部分的活动1和活动2中的探究经验，以小组合作方式探究得出结论：可以先将基本型二次函数 $y=\frac{1}{2}x^2$ 的图象向左平移2个	活动1和活动2为后续活动3的探究打下了扎实的基础。在活动1和活动2的基础上开展活动3就显得顺理成章，将教学难点按照知识最近发展区原则逐步化解，学生在活动3中顺利掌握了二次函数顶点式的平移规律。在系列化主题活动的基础上，教师带领学生由形象

（续上表）

教学内容	教师工作	学生学习	设计意图
课堂教学小组探究	学生探究如何将 $y = \frac{1}{2}x^2$ 的图象通过平移得到 $y = \frac{1}{2}(x+2)^2 - 3$ 的图象。在学生活动的基础上，让学生自主总结出"二次函数项点式 $y = a(x-h)^2 + k$ $(a \neq 0)$ 的图象是由基本型二次函数 $y = ax^2$ $(a \neq 0)$ 的图象通过平移得到的"这一规律。在此过程中特别提醒学生注意比较它们的顶点坐标。最后教师请学生小组归纳：$y = a(x-h)^2 + k$ $(a \neq 0)$ 的图象是一条抛物线，抛物线顶点坐标是 (h, k)，对称轴方程是 $x = h$，并让学生特别注意解析式中 h 前面的符号，也	单位得到 $y = \frac{1}{2}(x+2)^2$ 的图象，然后将该图象向下平移 3 个单位，就可以得到 $y = \frac{1}{2}(x+2)^2 - 3$ 的图象；学生再进一步通过"几何画板"软件绘制出 $y = \frac{1}{2}(x-2)^2 + 3$ 的图象，发现将 $y = \frac{1}{2}x^2$ 的图象向右平移 2 个单位得到 $y = \frac{1}{2}(x-2)^2$ 的图象，然后将该图象向上平移 3 个单位，就可以得到 $y = \frac{1}{2}(x-2)^2 + 3$ 的图象。 由此数学活动实例总结得出，二次函数顶点式 $y = a(x-h)^2 + k$ $(a \neq 0)$ 的图象是由基本型二次函数 $y = ax^2$ $(a \neq 0)$ 的图象通过平移得到的，当 $h > 0$ 时，将 $y = ax^2$ $(a \neq 0)$ 的图象向右平移 $\lvert h \rvert$ 个单位；当 $h < 0$ 时，将其向左平移 $\lvert h \rvert$ 个单位，可以得到 $y = a(x-h)^2$ $(a \neq 0)$ 的图象。当 $k > 0$ 时，再将 $y = a(x-h)^2$ $(a \neq 0)$ 的图象向上平移 $\lvert k \rvert$ 个单位；当 $k < 0$ 时，将其向下平移 $\lvert k \rvert$ 个单位，就可以得到 $y = a(x-h)^2 + k$ $(a \neq 0)$ 的图象（如图1所示）。 图 1	思维层面自然过渡到逻辑思维层面，参照具体实例，总结出"二次函数顶点式 $y = a(x-h)^2 + k$ $(a \neq 0)$ 的图象是由基本型二次函数 $y = ax^2$ $(a \neq 0)$ 的图象通过平移得到的"这一重要结论，就水到渠成地掌握了图象平移规律这一教学重点。利用小组合作学习的目的是培养学生自主学习、合作交流的意识和能力。教师要教给学生学习探究的方法，让学生能够更好地实现自主思考，并且在此过程中要特别注意活动中的关键点，也就是这些二次函数顶点坐标的特征和位置变化，这是进行下一步深度探究和拓展学习的切入点。

（续上表）

教学内容	教师工作	学生学习	设计意图
课堂教学小组探究	就是解析式中 h 前面的符号与顶点坐标中的 h 及对称轴方程中的 h 的符号恰恰相反。		
	活动4：运用描点法手工绘制二次函数 $y = \frac{1}{2}(x+2)^2 - 3$ 的图象，并与"几何画板"软件绘制的图象相比较，提高学生运用描点法绘制函数图象的技能。运用描点法绘制函数图象是初中函数教学要求掌握的一个重点，手工绘制图象的过程就是对函数图象加深认识的过程，没有这个过程，数形结合能力的培养就是有欠缺的。	学生在活动3的基础上，运用描点法列表、描点、连线，手工绘制出二次函数 $y = \frac{1}{2}(x+2)^2 - 3$ 的图象。需要注意的是，不能用数学软件完全代替学生的学习，学生手工绘制函数的图象后，将其与软件绘制出的图象对比，会更加深入地领会函数图象的特征与性质。在绘制的图象上对该二次函数进行代数分析，指出当 $x = -2$ 时，y 取得最小值 -3；且 x 在 -2 两边对称取值时，y 的值相等。学生依据图象数形结合得出 $y = \frac{1}{2}(x+2)^2 - 3$ 的几何性质，即图象的开口向上，对称轴是直线 $x = -2$，该图象有最低点，这个最低点就是抛物线的顶点，顶点坐标是（-2，-3）。	虽然学生已用"几何画板"软件将 $y = \frac{1}{2}(x+2)^2 - 3$ 的图象在智能终端上画出，但运用描点法手工画图这个步骤不能跳过，在用描点法绘制图象后，可以将其与"几何画板"软件绘制出的标准图象对比，更好地锻炼学生的画图能力，并使其在画图过程中深入理解函数的性质。

（续上表）

教学内容	教师工作	学生学习	设计意图
课堂教学小组探究	活动5：用"几何画板"软件绘制出函数 $y=\frac{1}{2}(x-2)^2+3$ 与 $y=\frac{1}{2}x^2-2x+5$ 的图象，发现两个图象是一模一样的，说明它们是同一个函数，只是函数解析式的表现形式不同。教师由此引导学生将二次函数一般式 $y=\frac{1}{2}x^2-2x+5$ 化归为二次函数顶点式 $y=\frac{1}{2}(x-2)^2+3$，在此过程中提示学生根据解析式的代数特征联想、类比、思考完全平方公式 $(m\pm n)^2=m^2\pm 2mn+n^2$ 的正向和逆向使用。	学生在教师的引导下，回顾完全平方公式 $(m\pm n)^2=m^2\pm 2mn+n^2$ 的逆向使用 $m^2\pm 2mn+n^2=(m\pm n)^2$，从中得出：首先将 $y=\frac{1}{2}x^2-2x+5$ 化归为 $y=\frac{1}{2}(x^2-4x)+5$，再将括号里的内容配方得 $y=\frac{1}{2}(x^2-4x+4-4)+5$，逆用完全平方公式得：$y=\frac{1}{2}\left[(x^2-4x+4)-4)\right]+5$，即 $y=\frac{1}{2}\left[(x-2)^2-4\right]+5$，最后得 $y=\frac{1}{2}(x-2)^2+3$。由此，学生通过配方法得到将二次函数一般式 $y=\frac{1}{2}x^2-2x+5$ 化归为顶点式 $y=\frac{1}{2}(x-2)^2+3$ 的结果，由顶点式可以轻松得出一般式 $y=\frac{1}{2}x^2-2x+5$ 的顶点坐标和对称轴，以及图象平移情况和函数性质。	教师引导学生对二次函数顶点式 $y=\frac{1}{2}(x-2)^2+3$ 类比完全平方公式进行观察、思考，启发学生将完全平方公式逆用、配方。这一过程是学生在教师的指导下完成的，教学重点是教师带领学生进行对比、观察、思考、演算，并通过引导学生思考，突破教学难点，这也是数学活动的重要作用，在活动中着重培养学生的观察、联想、类比、迁移等能力，进而锻炼学生的数学逻辑思维。

（续上表）

教学内容	教师工作	学生学习	设计意图
课堂教学小组探究	活动6：在活动4与活动5的实例的基础上，教学自然过渡到代数抽象思考，将二次函数一般式先化为顶点式，再依据顶点式找到顶点坐标、对称轴等函数要素，然后研究性质，找到图象的平移规律。	学生在活动4与活动5的实例惯性延续中，按照教师的指导和启发，将数字抽象成代数，逆向使用完全平方公式 $(m \pm n)^2 = m^2 \pm 2mn + n^2$，将二次函数一般式 $y = ax^2 + bx + c$（$a \neq 0$）化为 $y = a\left(x^2 + \dfrac{b}{a}x\right) + c$（$a \neq 0$），再配方得：$$y = a\left(x^2 + \dfrac{b}{a}x + \dfrac{b^2}{4a^2} - \dfrac{b^2}{4a^2}\right) + c \quad (a \neq 0),$$逆向使用完全平方公式得：$$y = a\left[\left(x^2 + \dfrac{b}{a}x + \dfrac{b^2}{4a^2}\right) - \dfrac{b^2}{4a^2}\right] + c \quad (a \neq 0),$$即 $y = a\left[\left(x + \dfrac{b}{2a}\right)^2 - \dfrac{b^2}{4a^2}\right] + c$（$a \neq 0$），最后整理得：$$y = a\left(x + \dfrac{b}{2a}\right)^2 + \dfrac{4ac - b^2}{4a} \quad (a \neq 0).$$由此，学生通过配方法得到二次函数一般式 $y = ax^2 + bx + c$（$a \neq 0$）化归为顶点式 $y = a\left(x + \dfrac{b}{2a}\right)^2 + \dfrac{4ac - b^2}{4a}$（$a \neq 0$）的结果，由顶点式可以轻松得出 $y = ax^2 + bx + c$（$a \neq 0$）的顶点坐标 $\left(-\dfrac{b}{2a}, \dfrac{4ac - b^2}{4a}\right)$ 和对称轴 $x = -\dfrac{b}{2a}$，特别指出"$y = ax^2 + bx + c$（$a \neq 0$）的图象是由 $y = ax^2$（$a \neq 0$）的图象通过平移得到的"这一事实，总结出图象的平移规律和性质。	教师带领学生以小组合作的形式，在类比实例的基础上，思路自然过渡到数学抽象逻辑思维上，由二次函数一般式通过代数抽象思维、逻辑演算推导出二次函数顶点式，并得出二次函数的顶点坐标和对称轴公式。运用认知工具主动探究二次函数图象的形状、位置、变化趋势、对称性等，由形象思维逐步过渡到逻辑思维，梯度化解认知难题，使学习过程符合学生的认知规律。这样的探索活动不仅有效培养了学生的数学逻辑思维和自主学习能力，还使学生树立了探索发现意识，合理地逐步化解教学难点，使原本枯燥繁杂的抽象推导演算过程在富有挑战性的数学活动中变得生动有趣。

（续上表）

教学内容	教师工作	学生学习	设计意图
拓展学习，巧用新知	随堂练习： 下列各题中，前者的图象怎样平移可得到后者的图象？ ①$y = 2x^2$；$y = 2(x+3)^2 + 5$。 ②$y = -\dfrac{3}{4}x^2$；$y = -\dfrac{3}{4}(x-3)^2 - 7$。 ③$y = -3x^2$；$y = -3x^2 + 6x - 4$。	学生解题，教师指导、订正。 解： ①$y = 2x^2$ 的图象向左平移 3 个单位、向上平移 5 个单位，得到 $y = 2(x+3)^2 + 5$ 的图象。 ②$y = -\dfrac{3}{4}x^2$ 的图象向右平移 3 个单位、向下平移 7 个单位，得到 $y = -\dfrac{3}{4}(x-3)^2 - 7$ 的图象。 ③$y = -3x^2$ 的图象向右平移 1 个单位、向下平移 1 个单位，得到 $y = -3x^2 + 6x - 4$ 的图象。	通过练习进一步巩固学生对二次函数图象平移规律的掌握和对性质的理解，巩固课堂探究与学习成果，有效培养学生的数形结合等数学思想与解题能力。
反思归纳	①归纳二次函数的图象和性质以及平移规律。 ②总结用配方法把二次函数一般式化归为顶点式的方法。	学生在小组讨论时发言，形成共识，提出归纳性结论，并在活动的基础上将记忆内化为知识。	学生在教师的带领下总结归纳，将内容系统化、知识条理化。

附：二次函数 $y = ax^2 + bx + c$（$a \neq 0$）的图象和性质以及平移规律	
$y = ax^2 + bx + c$（$a > 0$）	$y = ax^2 + bx + c$（$a < 0$）
开口向上。	开口向下。
$f(x)=x^2+3x-4$	$f(x)=-\frac{1}{2}x^2+3x-4$
顶点坐标：$\left(-\dfrac{b}{2a}, \dfrac{4ac - b^2}{4a}\right)$；对称轴：$x = -\dfrac{b}{2a}$。	
在对称轴的左边 $\left(x < -\dfrac{b}{2a}\right)$，图象从左向右下降，$y$ 随着 x 的增大而减小；在对称轴的右边 $\left(x > -\dfrac{b}{2a}\right)$，图象从左向右上升，$y$ 随着 x 的增大而增大。	在对称轴的左边 $\left(x < -\dfrac{b}{2a}\right)$，图象从左向右上升，$y$ 随着 x 的增大而增大；在对称轴的右边 $\left(x > -\dfrac{b}{2a}\right)$，图象从左向右下降，$y$ 随着 x 的增大而减小。
$x = -\dfrac{b}{2a}$ 时，y 有最小值 $\dfrac{4ac - b^2}{4a}$。	$x = -\dfrac{b}{2a}$ 时，y 有最大值 $\dfrac{4ac - b^2}{4a}$。

三、课后阶段

在课后深化阶段，学生需要完成课后作业。值得强调的是，这里的课后作业应当利用教育"云"平台的优势，采用分级作业的形式进行。在同一个班级内，每个学生的学习兴趣、学习能力不同，因此实施分级作业是必要的，而且分级作业也是个性化学习的一种体现。作业主要分成两个部分：第一部分是必做作业，这一部分作业是所有学生都必须完成的，也是教学过程所要达到的最基本目标；第二部分是选做作业，让学有余力的学生根据课前线上教学和课中线下教学中自己的领悟，在数学认知工具的支持下，进一步深化学习。同时，教师需要提供一定的课外扩展资料，扩展资料既可以是相关知识的深化，也可以是对相关知识的实际应用，还可以是对下一阶段所学知识的铺垫。

	课后阶段

	课后活动巩固与提高
教学设想	对于课中学习效果以及二次函数的重难点突破情况，教师利用教育"云"平台进行分层质量监控，促使全体学生掌握"双基"，同时让学生在思考活动中进一步拓展对二次函数的认识，深度学习拓展问题。
学习方式	混合式教学中的课后线上教学。
学习内容	①通过混合式教学中的课后线上教学，反馈学生对二次函数图象和性质的掌握情况。教师及时查漏补缺，强化"双基"。 ②通过课中布置的思考活动，进一步引导学生拓展深化对二次函数的认识。

	教师教学分析
教学设想	①运用教育"云"平台对学生进行教学质量监控，在教育"云"平台上发布分层作业，并利用平台技术优势对学生的学习质量进行快速统计和反馈，教师及时掌握学生数学学习目标的达成情况，对于出现的较大或较为集中的问题，进行针对性查漏补缺，筑牢"双基"。 ②在课后学习中继续提出深化学习目标，进行线上教学，在班级群中再次启发学生小组合作学习。
教学支持	教育"云"平台、"几何画板"软件、思维导图工具。

	教学过程		
教学内容	教师工作	学生学习	设计意图
线上作业	教师在教育"云"平台的支持下，为学生发放线上作业（以选择题和填空题等客观题目为主，限定在10分钟内完成）。	学生利用移动智能终端，完成线上测评和作业。	对学习质量进行巩固和监控。
质量反馈	根据学生提交的测评结果，提供分层线上作业，依托教育"云"平台的技术优势快速诊断。	对反馈的问题再巩固，务必达到基本要求，同时向学有余力的学生进一步提出挑战性目标和任务。	巩固二次函数的"双基"，填补教学漏洞。

（续上表）

教学内容	教师工作	学生学习	设计意图
深化探究	活动7：在同一坐标系内，用"几何画板"软件画出二次函数 $y = -2x^2$ 与 $y = \frac{1}{2}x^2$ 的图象，观察后发现它们开口的宽窄程度是不同的。请学生给出抛物线的开口宽窄情况受什么因素控制的判断。	学生运用"几何画板"软件实验探究，在线上协作交流，在教师的指导下得出结论：二次函数图象的开口方向是由二次项系数 a 决定的，$a > 0$，抛物线的开口向上；$a < 0$，抛物线的开口向下。而抛物线的开口的宽窄情况是由 $|a|$ 来确定的，$|a|$ 越大，开口越窄；$|a|$ 越小，开口越宽（如图1所示）。 图1	在学生的学习最近发展区，继续开展拓展性数学活动，深入探究课本基础知识之外的二次函数新发现、新思路，进行深化学习。
	拓展数学活动：让学生在"几何画板"软件的支持下，探究二次函数中二次项系数 a、一次项系数 b、常数项 c 对抛物线位置所起到的作用。	学生在"几何画板"软件的实验探究中，通过线上协作交流，得出结论：首先，由活动7得出：二次函数图象的开口方向是由二次项系数 a 决定的，$a > 0$，抛物线的开口向上；$a < 0$，抛物线的开口向下。而抛物线开口的宽窄情况是由 $|a|$ 来确定的，$|a|$ 越大，开口越窄；$|a|$ 越小，开口越宽。其次，一次项系数 b 与二次项系数 a 联合确定了对称轴的位置。如果 $-\frac{b}{2a} > 0$，对称轴在 y 轴的右边；如果 $-\frac{b}{2a} < 0$，对称轴在 y 轴的左边。再次，常数项 c 决定了抛物线与 y 轴的交点，抛物线与 y 轴的交点坐标就是（0，c）。最后，$\frac{4ac - b^2}{4a}$ 决定了抛物线顶点在 x 轴的上方还是下方。如果 $\frac{4ac - b^2}{4a} > 0$，抛物线顶点在 x 轴的上方；如果 $\frac{4ac - b^2}{4a} < 0$，抛物线顶点在 x 轴的下方。	在教师的指导下，学生利用"几何画板"软件，深入探究二次函数中二次项系数 a、一次项系数 b、常数项 c 对二次函数图象的影响。

（续上表）

教学内容	教师工作	学生学习	设计意图
系统总结	指导学生用思维导图工具建构二次函数的知识结构图。	学生运用思维导图工具建构经过主题活动混合式教学后的二次函数的知识结构图（如图2所示）。 **图2**	运用思维导图帮助学生建构系统化知识体系。

在本次二次函数系列化主题活动混合式教学中，还需要学生针对上述系列化数学活动与实验，撰写数学活动与实验报告。

通常在教学中，主要是通过教师的观察和课堂上的师生交流以及课后作业反馈来测量数学活动与实验的效果，但本次混合式教学活动有一系列数学活动与实验，并且学生在数学活动的自主学习中，有许多创新和很有创意的发现与反思，所以可以让学生在数学实验与活动中记录操作、体会和发现，最终形成数学活动与实验报告，这样可以更好地让学生掌握学习内容和鼓励学生探究。数学活动与实验报告的形式设计一般需要教师提前准备好，按照报告进行规范化活动，这样就要考虑报告的设计问题。

从学生分析问题、解决问题的角度出发，按照学生认识事物的规律，数学活动与实验报告主体部分的设计应体现三个方面：

（1）对数学活动与实验的内容和原理的简要叙述。首先要在数学活动与实验报告的初始部分简要说明需要解决的数学问题、在对数学问题进行探究活动与实验过程中需要体现的数学思想方法、实验中需要注意的现象，以及现象发生后下一步的尝试方向与后续工作程序，还需要对实验结果进行数理解析等。

（2）数据分析。在数学活动与实验中，教师应特别注意数据的组织和收集，并引导学生思考如何表达自己的活动与实验结果，并树立学生运用数据支撑预测结果的思想。学生应尽可能利用表格、图形和图片填涂来组织和整理数据，对实验结果作出清楚的解释和描述，并努力探索与所研究问题相关的数据反映出的数学规律。

（3）分析和证明猜想的意识。在数学活动与实验中，教师应要求学生合作讨论，合理运用数据或者观察现象，形成合情猜想，在大量活动中观察规律，排除偶然因素，用数学分析或理论方法支持自己的实验结果，给出支持猜想的论证，最后写出数学活动与实验报告。

下面以"二次函数 $y = ax^2 + bx + c$（$a \neq 0$）的图象和性质"数学活动与实验报告为例。

"二次函数 $y = ax^2 + bx + c$（$a \neq 0$）的图象与性质"数学活动与实验报告

班级：＿＿＿＿＿＿　　姓名：＿＿＿＿＿＿　　实验日期：＿＿＿＿＿＿

课题实验	二次函数 $y = ax^2 + bx + c$（$a \neq 0$）的图象。		
实验目的	①画出函数 $y = ax^2 + bx + c$（$a \neq 0$）的图象。 ②学习用配方法把 $y = ax^2 + bx + c$（$a \neq 0$）化成 $y = a(x-h)^2 + k$（$a \neq 0$）的形式。 ③初步掌握 $y = ax^2 + bx + c$（$a \neq 0$）的图象和性质。		
实验工具	"几何画板"软件、教育"云"平台。		
实验过程	项目	实验步骤	数学活动与实验的分析和结论
	课前准备知识与问题	二次函数的定义。	
		$y = \frac{1}{2}x^2$ 的图象和性质。	
	实验一	在同一坐标系内画出以下三个二次函数的图象： $y = \frac{1}{2}x^2$； $y = \frac{1}{2}x^2 + 3$； $y = \frac{1}{2}x^2 - 3$。 说明它们的图象性质以及位置关系。	学生的体会和发现：

（续上表）

	项目	实验步骤	数学活动与实验的分析和结论
实验过程	实验二	画出二次函数 $y = \frac{1}{2}(x+2)^2 - 3$ 的图象，并指出它的开口方向、对称轴和顶点坐标。	[$y = a(x-h)^2 + k$ （$a \neq 0$）这种二次函数表达形式，称为顶点式。打开"几何画板"软件，改变参数 a、h、k 的取值，学生观察图象动态改变情况，理解顶点式的几何意义。]
	实验三	画出二次函数 $y = \frac{1}{2}x^2 + 2x - 1$ 的图象，并指出它的开口方向、对称轴和顶点坐标。	
	实验四	说出下列各题中前者的图象怎样平移得到后者的图象？ $y = 2x^2$； $y = 2(x+3)^2 + 5$。 $y = -\frac{3}{4}(x+1)^2$； $y = -\frac{3}{4}(x-3)^2 + 7$。 $y = -3x^2$； $y = -3x^2 + 6x - 4$。	见下表

二次函数（$a \neq 0$）	开口方向	对称轴	顶点坐标
$y = ax^2$			
$y = ax^2 + k$			
$y = a(x-h)^2$			
$y = a(x-h)^2 + k$			
$y = ax^2 + bx + c$			

实验结论	①二次函数一般式为_____，开口方向_____。 ②二次函数顶点式为_____，顶点坐标_____，对称轴_____。 ③$y = ax^2 + bx + c$ （$a \neq 0$）可以化成 $y = a(x - \underline{\quad})^2 + \underline{\quad}$ （$a \neq 0$）的形式；它的图象是由 $y = ax^2$ （$a \neq 0$）的图象经_____得到的。

四、案例分析

信息认知原理认为主观经验借助客观物质传递，使学生在自己的接收系统中进行一系列个性化加工处理，进行各种形式、各种水平的变换，才能获得媒体或信号所负载的经验或信息，在头脑中重新构建这种经验结构，完成对前人经验的接收。上述以二次函数为例的混合式教学设计充分契合了信息认知原理并展现了教学特点与优势。在混合式教学中，网络教学与面授教学根据需要和各自的优势适时使用，既有面对全体学生的集体授课，又有个别指导，在不同教学阶段采用不同的教学方式，而且在混合式教学全过程中以数学活动与实验为主线，在活动中动手、动脑、挑战，充分调动学生的学习主动性和探究积极性，在帮助学生高效地认知二次函数数学知识的同时利用系列化主题数学活动与实验作为知识"脚手架"，层层递进，自然合理地构建二次函数的系统性知识体系。在系列化主题活动混合式教学中，学生的学习不再仅仅停留于课堂和书本上，而是课中探究发现，课后深化学习，并始终与活动建立紧密联系，突出对学生创新精神和实践能力的培养。

这部分教学探究的是二次函数教学中难度最大、情况最复杂的内容，其中蕴含了转化、平移、数形结合等丰富的数学思想和方法，尤其对培养学生用图形研究和体现数量关系的能力发挥重要作用。这部分教学在以往传统课堂中往往因为难度大、内容多而显得十分困难和仓促，如果运用混合式教学并在其中设置系列化主题数学活动与实验，则能获得充足的教学时间，让学生在线上和线下高质量地活动学习，还能使教学空间大为扩展，一改传统教学因内容多而不得不"满堂灌"的僵硬传授式教学法，同时注重教师的主导作用与学生在问题情境下的探究和自主学习。教师在活动中充分运用"实验类比教学法"，不断引导学生将新旧知识进行联系，温故而知新，在既有经验和结构的基础上完成新知建构。教师借助数学动态实验平台，充分展示图象的变化过程，让学生在数学活动平台上深入研究二次函数的图象和性质，对图象作平移转换，经过观察、分析、比较，抓住二次函数教学重点，有效突破难点，把初中阶段对函数图象的研究推向高潮，使学生在动态数学实验中打开了眼界，活跃了思维，在系列化主题活动中充分调动了学生探究学习的积极性，更多地关注了学习过程，有效发展了数学逻辑思维能力。

对运用系列化主题活动混合式教学的周期进行分析，我们可以看到混合式教学在"几何画板"软件的支持和教师的主导下，将"二次函数 $y = ax^2 + bx + c$ 的图象和性质"的教学任务借助系列化主题活动发布在课前线上教学、课中线下教学和课后线上教学这三个阶段中，体现了混合式教学的分离性优势。在课前预习阶段，学生不仅借助教师上传的预习素材完成了对二次函数基本知识与概念的复习巩固，还回顾了 $y=a(x-h)^2$ （$a\neq 0$）与 $y=ax^2+k$ （$a\neq 0$）形式的二次函数的图象和性质。在此基础上，学生掌握了二次函数图象的基本平移规律，并尝试运用"几何画板"软件绘制相应二次函数的图象，完成对应的自主测验。此时学生就完成了基础学习，为后面的深入探究打好了基础。随后的深入学习则在线下面授课堂中进行，在线下课堂教学中集中突破重点、难点，课堂数学活动给出包括由特殊型到一般型的二次函数具体实例，在一般意义上讨论 $y=a(x-h)^2+k$ （$a\neq 0$）形式的二次函数的图象，借助配方法引出对二次函数 $y=ax^2+bx+c$ （$a\neq 0$）的图象画法及其性质的讨论。在数学活动与实验的辅助下，教师高效地通过比较教学，由浅入深，潜移默化地把学生从旧知识领域带到新知识天地，以生动形象的动画形式揭示二次函数图象的平移变化规律，便于学生理解和掌握。同时，本节课遵循了从特殊到一般，再到特殊这一哲学认识规律，有利于帮助能力较弱的学生认识新知，做到面向全体学生。

系列化主题活动混合式教学的核心是活动，以建构主义为教学的主要指导思想，所以活动教学应充分体现建构主义学习观：知识是在学生与环境相互作用的过程中逐渐建立起来的，认知发展过程是认知图式不断地组织和再组织的过程。学习不仅是学生对教师所讲授知识的被动接受，还是学生以自身已有知识经验为基础的主动建构活动。学生在自身认识发展的经历中，必须通过一定的亲身活动过程将知识"内化"，在过程中不断地发展和调整自己已有的认知结构，这一过程具有连续性和阶段性，这也为数学活动与实验教学各环节之间的层级关系和横纵联系提供了认知理论支持。系列化主题数学活动与实验就是一类具有层级关系并相互联系的特定设计形式，其过程可以让学生深刻体验到自己是如何建构数学知识、解决数学问题的。在上述案例中还可以深刻认识到系列化主题活动混合式教学过程的前四个步骤：创设情境、动手实验、提出猜想、验证猜想。

（1）创设情境。即在学生动手进行数学活动与实验之前，教师给学生提供新的探究学习情境准备。在这一情境中，学生原有数学认知结构与新学习内容之间发生认知冲突，学生在心理上产生学习需要。创设情境是数学活动与实验教学过程的开始环节，它是实施其他环节的前提条件。如果没有一个良好的问题情境，学生就没有兴趣进行活动，也无法动手实验。"学起于思，思源于疑"，教师要引导学生进入所谓的"悱愤"状态，才能引发学生的学习内驱力。心理研究也表明："外部刺激，当它唤起主体的情感活动时，就能在大脑皮层上形成优势兴奋中心，从而强化理解和记忆；相反，则不能唤起情感活动，主体必然对它漠不关心。"所以说，创设情境的作用不容忽视。要引起学生对数学学习的兴趣和求知欲，有效方法就是创设合适的问题情境，以问题为导向，以任务为驱动，这也是网络游戏引人入胜的策略之一，值得借鉴。需要指出的是，并不是所有的情境都能引起学生的兴趣与思考，数学学习中要设计合适的问题情境，应该具备两个条件：一是要有可行性，让学生有可能去思索和研究；二是要有适当的难度，形象地说就是学生站着摸不着，跳起来才能摘到。这样才能使学生处于一种似乎熟悉但又不能轻易获得问题答案的"排愤"之中，促使学生去思考、探究有关方法与知识。另外，创设情境所用的时间不能太长，否则会"喧宾夺主"，影响教学进程。

（2）动手实验。即教师给学生布置任务，学生按照设计要求，亲自完成相应的活动与实验，努力去发现与所研究问题相关的现象、数据或者反映出的规律，并对任务完成的结果作出清楚的描述。动手活动与实验是整个数学主题活动与实验过程的核心环节。它是在第一个环节所创设的环境中展开的，对创设情境和提出猜想两大环节起到思考和探究学习的桥梁作用。在这一环节中，学生真正进入用"做数学"的方式来学习数学的环境，在完成数学活动与实验的过程中，使抽象数学知识具体化、复杂问题简单化、一般问题特殊化、浅显问题深入化。数学教学实践表明，这有利于学生以一个研究者的姿态，在实验环境中观察活动现象、发现问题、探究解决的途径、寻找规律、形成能力。此外，动手活动与实验能够使学生更直观地理解知识内涵，在数学知识发生发展的过程中相辅相成地提高逻辑推理能力和想象力，在亲身获取知识的感性认识中提高运用数学知识解决实际问题的能力和培养严谨的科学态度。另外，动手活动与实验也促使学生在活动中自然参与发现、探究、认知和建构知识，并依靠认知工具认真钻研，从而让学生的学习主体地位得到充分保证。学生在问题面前会虚心向教师学习，教师因势利导、发现关键、分析策略、解决问题。教师再以系列化问题为导向，引导学生从具体数学事实出发，在活动中指导学生构建新知，根据学生能力的差别，实行个别指导、因材施教，让教师的教学主导作用恰到好处地发挥出来。

（3）提出猜想。即学生在教师的指导下，通过实验、观察、计算、分析等各种途径和手段，根据已有的信息或新得到的信息，提出解决问题的假说。提出猜想是数学实验过程中的关键环节，是数学活动与实验的高潮阶段。猜想在动手活动与实验的环节中产生，根据活动过程现象或实验结果规律提出，是数学教学目标实现程度的体现。猜想是发现和创新的关键步骤。数学家波利亚曾经这样高度评价猜想的作用：仅仅把数学视为一门论证科学的看法是偏颇的，论证推理（证明）只是数学家的创造性工作成果，要得到这个成果则必须通过猜想。猜想的提出往往依赖人们的直觉思维，直觉思维有时也被认为是一种灵感，要产生灵感，除了必须具有一定的数学修养外，还应该充分地进行数学活动，活动中产生的问题才会使学生有更深刻的理解，从而激发灵感。在数学活动与实验中，学生的猜想是根据自己在数学活动与实验中的发现而提出的，可能会出现一些偏差，这时就需要教师起到教学主导作用，不能仅凭学生的主观臆断而"乱猜"，应及时纠正，让学生的探究学习合乎实际，接近事实，形成正确的知识系统。

（4）验证猜想。即学生在数学活动与实验中提出猜想后，教师必须指出学生凭直觉思维提出的猜想可能是正确的，也可能是错误的，一般要用验证的方法进行逻辑演绎或用举反例的方法检验猜想的正误。检验猜想的正误是数学活动中不可缺少的一个环节，它是学生能否获得正确结论的关键步骤，是对数学活动成功与否的判断标准。

本次混合式教学不仅体现了上文所述的分离性，即本次混合式教学借助网络，在一定程度上摆脱了固定时间、地点的束缚，让学生学习更加自由，促成深度探究，保证学习效率和质量，还体现了其整合性特点。所谓整合性主要是指对教学资源的整合，教学资源的整合又分为两个层次：第一层次为教师在进行教学设计之前，对教材、学生、教法进行备课，这属于对基础教育资源的整合；而在混合式教学结束之后，又会形成新的教学资源，包括教师上课的过程性修正资料，学生在学习过程中提交的疑难困惑，以及学生在课后提交的作业、作品等，这属于第二层次。这些教学资源都应借助网络保存在教学"云"平台，供教师、学生和其他教育者再使用、再学习和再开发。教学"云"平台的最大优势就是能够根据学生和教师提供的素材进行分类整理，以形成分类合理、结构完善的课程资源体系①。

此外，混合式教学的实施还体现了个性化和差异化的特点。上述教学设计中，教师会根据每个学生提交的疑难困惑进行个别指导。在课后阶段，作业的布置也采取了分层作业的形式，所有学生完成必做作业，选做作业则主要由学生根据自己的实际情况进行选择，这样既保证了每个学生都得到一定程度的发展，也保证了不同能力的学生得到不同的发展。

第二节 以"纸张折叠"为主题活动的混合式教学

在初中数学混合式教学中，最核心的是系列化主题活动的开展。而在数学教学和活动探究中需要用到数学专业化认知工具，促使学生动手操作，在动手活动中吸引学生的注意力，聚拢学生的思维。学生在认知工具辅助的数学活动中可以更有自主性地学习，这样的线上教学虽然缺少教师在学生身边耳提面命，但如果数学活动设计得恰到好处，工具使用简洁得当，效果要比常规教学的更好，更受学生欢迎。在数学活动中使用认知工具的目的就是帮助学生进行有意义学习与知识建构，促进学生以合情推理为主的表象思维与以合理推理为主的逻辑思维和谐发展。在数学活动中起到重要辅助作用的数学专业化认知工具是学生与学习环境

---

① 李露露. 初中数学混合式教学的应用与实践［D］. 济南：山东师范大学，2019.

要素进行有效互动的中介手段，并在其中担负一定的认知功能。与数学认知相关的实物工具、信息技术工具等，都可以成为数学认知工具。例如，常见的三角板、纸张等就是实物工具，数学专业软件等就是信息技术工具。数学认知工具具有认知特性，它延伸和拓展了学生的认知能力，承担学生与工具之间的认知分工，形成认知协同关系，让学生在认知工具的帮助下以活动为平台获得数学认知和完成学习任务。前面章节已经介绍了以计算机网络技术为运行环境的数学专业化认知工具，其能够对数学知识进行准确、深入的可视化表征，甚至能够精准解析数学认知过程，极大地促进学生进行深层次数学知识建构，初中常见的典型数学专业化认知工具有"几何画板""超级画板""GeoGebra"等智能数学软件。而另一类是实物操作认知工具，学生身边的这类数学认知工具可以随手获取，其最大的优势与特征就是成本低廉、获取方便、操作简单实用，如纸张和三角板等，也可以被设计成数学内涵丰富的认知工具，这些工具看似简单平常，但在精心的教学设计下可以用来生动地表征数学知识，在混合式教学中运用简单实用的实物工具进行初中数学知识学习和活动探究，有时甚至能够起到令人惊讶的教学辅助作用。本节讨论的数学系列化主题活动混合式教学就是借助简单纸张裁剪和折叠活动，让学生采用观察、检验、探索、分析、归纳、综合等认知手段，用以尝试性与探索性为主的方法学习数学。因为纸张裁剪、折叠活动具有便捷性，所以在混合式教学各环节中，数学活动的操作步骤更清晰，师生配合更协调，这就让系列化主题数学活动与实验的核心更为突出，主线更为明晰，混合式数学教学更加生活化、实用化。

《折叠天地》一书的作者恩格尔是一位擅长折纸活动的科学家和艺术家。他在书中强调了折纸和数学自然而强有力的联系，描画这种联系则类似于分形和混沌理论，用一张正方形（二维物体）的纸来折一个形体（三维物体），研究留在正方形纸上的折痕，这个过程包含维数的变动，折痕表示三维物体在平面上的二维投影，这就跟投影几何的领域产生了联系。折纸过程对数学研究极具启发性，当然在初中阶段，暂不用探究折纸中过于深奥的数学原理，但可以用折纸引发学生对活动的兴趣，还可以将相关初中数学原理和知识放在别具一格的折纸活动中去理解。例如，折纸由一张正方形的纸开始，可以折出动物、花、船和人物等有趣的形状，对学生有着很强的吸引力，同时留在纸上的折痕展示了大量的几何对象和性质，形象地折射出诸多数学概念，如相似、轴对称、中心对称、全等、相似、比例，以及类似于几何分形结构的迭代。将折纸这样的数学活动引入主题活动混合式教学中，可以使学生手脑并用，互相协作，生动而深刻地理解数学知识，并在此过程中获得数学活动经验，学会运用数学思维方式透过现象进行观察、分析、抽象、建模，增强应用数学的意识，感受数学的价值。

根据数学学科特点，新课程标准把"空间观念"作为义务教育阶段培养学生初步创新精神和实践能力的一个重要学习内容。折纸活动可以将新课程标准所描述的空间观念，包括观察、想象、比较、综合、抽象分析的过程形象生动地表现出来，让学生在活动中掌握相关平面图形的几何知识，建立数学化思考过程。把活动中表现出的空间观念进一步延伸，将实物活动中的形象思维转化为抽象逻辑思维，可以有效培养学生将直观感知现象抽象转化为数理关系的能力。在混合式教学中，将纸张作为数学认知工具来设计主题活动时，教师和学生应认识到：①折纸中有着广泛的数学知识应用，折纸活动蕴含着大量的数学信息，尤其是平面几何知识。②面对实际的一张纸或折纸活动，要透过现象主动地尝试从数学的角度运用所学知识和方法灵活寻求解决问题的策略与方法。③要通过折纸活动培养学生的数学应用意识，在教学中努力发掘有价值的专题活动、实习作业，让学生从数学的角度分析折纸活动中出现的问题，并寻求数学化解决方案。④通过折纸活动获得数学结论时，应当让学生经历从合情推理到演绎推理的过程。合情推理的实质是"发现"，因而合情推理能力的培养有助于发展学生的创新精神，合情推理得到的猜想又需要严谨的演绎推理给出证明。

在抗疫期间，通过大量线上教学实践和理论探索，笔者发现，相较于静态知识再现型资源，学生更感兴趣的是具有挑战性并可以简单明了地体现数学知识的动态数学活动。一个例证是，因为疫情初期的线上教学经验不足，学生又脱离了教师面对面的监控与交流，所以几乎所有的直播式教学都遭遇无奈与尴尬，很多在日常教学中可以轻松做到的教学准备因为事发突然而无法进行。但是纸张对于教师和学生来说是随手可得的，在教师的精心设计下，师生在活动中易于合理运用纸张等常见又简单的工具设置情境，应对挑战，解决问题，获得内涵丰富的数学知识和探究发现，使学生对活动表现出极大的好奇，引起学生强烈的数学探究欲望。线上折纸活动兴趣盎然，深受学生喜欢。例如，对于此次疫情的迅猛扩大，教师很形象地用折纸的方法揭示其数学模型。首先假设 1 个患者可以感染 2 个人，2 个人就可以感染 4 个人，以此类推，为了形象地说明其中的数学道理，在网络教学中，教师让学生每人拿出一张纸，隔着屏幕演示：这就好比一张纸经过一次折叠后变为 2 层，再次折叠就变成 4 层一样，问学生经过 30 次感染，也就是一张纸折叠 30 次，会有怎样的效果。活动很简单，也很容易操作。有学生开始折叠 A4 纸，但是折了五六次就因纸太厚无法继续折，教师让学生猜测折叠 30 次后的纸有多少层，能有多高，学生给出了很多猜测，最多的猜测是大概 10 层楼高。教师趁机用网络计算器给学生演算，折 1 次是 2^1，折 2 次是 2^2，折 3 次是 2^3，以此类推，折 30 次是 $2^{30} = 1\ 073\ 741\ 824$（层），也就是说如果疫情不加控制，任由其蔓延，那么 1 个患者开始传播，人传人 30 次后就可以传播 1 073 741 824 个人，这样的结果让学生明白病毒传播模型，明确坚决隔离的必要性。教师解释，如果纸张的厚度是 0.1 毫米，也就是 0.000 1 米，学生很快回答纸张折 30 次后的高度是 107 374.182 4 米，这个高度比 10 座珠穆朗玛峰叠起来都要高。教师隔着屏幕听到了学生的惊呼。在这样令人感到惊奇的折纸活动中，病毒模型教学效果不言而喻，学生对媒体常说的"几何级数增长"也有了深刻的感知。融合认知工具的活动型线上教学不但将抽象的数学知识变得直观形象，易于学生理解，更重要的是通过活动，教师有效带动了教学互动，吸引了学生的注意力，激发了学生的求知欲，教学效果显著的同时，线上教学还将传统数学课堂延伸为深度学习的知识殿堂。

下面用完整案例呈现运用纸张折叠活动进行初三数学综合复习混合式教学。

一、课前阶段

课前阶段	
学生学习情况分析	
学生课前学习特征	①思维特点：学习者为初三学生，学习时间为初三第二学期，学生已经学完初中数学的全部知识内容，进入总复习备考阶段。初中数学知识虽然已经学习完毕，但知识网络还未有效建立起来，知识的综合应用能力也没有很好地形成，学生的抽象逻辑思维不够成熟。 ②认知基础：学生对初中数学知识的掌握相对肤浅，灵活应用知识解决综合性问题的能力不足。 ③认知工具使用情况：学生可以熟练使用教育"云"平台，具有使用网络技术在线学习的能力，对折纸这样的动手活动很感兴趣，在教师的带领下，运用微课可以很好地进入折纸活动中进行规定操作、数学探究及综合性复习。
学习方式	混合式教学中的课前线上教学。
学习内容	在初三数学总复习的线上教学中，另辟蹊径利用折纸这种让学生既动手又动脑的数学实验活动，可有效避免因师生不在同一个物理空间而缺乏互动和监管造成的学习兴趣降低、教学手段单一乏味等网络教学问题。通过折纸活动生动地呈现初中数学体系化知识，将知识在实际问题中综合运用，结合中考热点和综合大题，使抽象的数学问题直观化，有效提高学生的"双基"掌握程度和解题能力，并升华数学思想。同时，在相对枯燥的线上教学中让学生体验动手学数学的乐趣，使初三数学总复习事半功倍。

（续上表）

学习内容	在折纸活动中的教学目标： ①知识与技能目标：通过折纸活动，综合掌握初中数学体系化知识，让知识在解决问题的过程中网络化、系统化。 ②过程与方法目标：通过折纸活动，将实际情境抽象成数学问题，培养学生的问题建模能力和数学知识综合应用能力。 ③情感态度与价值观目标：通过折纸活动，建立数形结合等数学思想，培养学生数学学习情感，增强学生在实际生活中应用数学知识解决问题的意识与能力，体会数学与生活、生产的密切联系，进而认识到数学知识的应用价值。

教师教学分析

教学设想	到了初三第二学期的总复习阶段，教师和学生都会有很大的压力，传统课堂会进行大容量的课堂灌输和讲解，但往往事倍功半。如果在紧张的复习中能将生动有趣的数学活动引入课堂，让数学复习课在活动中有效提高融会知识、巩固记忆和解题的能力，在形象化情境中进行系统的知识建构，对增强初三学生中考数学复习的信心和能力都大有裨益。 运用折纸系列化主题活动混合式教学，以专题形式和方法综合性、系统性地复习初中相关数学知识。相对于传统复习课，混合式教学内容新颖、研究时间充分，主题鲜明，可以取得理想的效果。在混合式教学课前阶段让学生准备好相应的白纸，在课前线上教学阶段和课中线下教学阶段，教师和学生一起动手折纸，做数学活动，在动手中动脑，在动脑中抽象，边做边观察、边思考，高效回顾并使用已学的初中数学知识探究问题。在教师的主导下，学生主动建构严谨而富有联系的知识体系，掌握解决问题的方法。学生在探究过程中所获得的知识相对零散，所以设计开展的活动是系列化主题活动，在教师的主导和活动的引导下，学生将零散的知识点整理为系统的知识网络，防止网络教学和活动无序与低效。折纸活动可以让学生理论联系实际，将所学知识自然呈现，并且因为生动而记忆深刻。学生在直观、生动、有趣的数学活动中顺利地系统梳理知识，从而深刻理解其中的数学原理，产生"顿悟"感，使原本枯燥的复习课一扫往日压抑，精彩纷呈。
教学重点	在教师的指导下，围绕数学活动主题，探究运用简单却操作性强的折纸活动，将活动中相关的数学知识系统化，高效建构知识网络，并有效培养学生分析抽象、逻辑推理、解决问题的能力。
教学难点	在折纸活动中，培养学生的建模能力、综合运用知识的能力。
教学支持	"腾讯课堂"、班级授课微信群、教育"云"平台、纸张。

（续上表）

预习教学过程			
教学内容	教师工作	学生学习	设计意图
课前线上教学	（1）发放预习学案。 （2）活动1（折纸活动）：①在纸上画出一条线段，请学生动手折一折，能否折出这条线段的中点、中垂线？看图并说出中垂线的性质。②在线外画一个点，折出过该点的线段的垂线，并说明点到线段上的所有连线段中，垂线段最短。③折出该点关于线段的轴对称点，并说明轴对称的性质。④在纸上画一个角，折出角平分线，并说出角平分线的性质。 （3）活动2（数学微课）：运用数学微课形式，向学生展示：用一张三角形的纸折叠，将△ABC折叠，如图1所示，则可折出两条定理，这两条定理是：①_____。②_____。 图1	（1）在教师的指导下，学生在教育"云"平台上领会折纸活动的操作要领，自己再用纸折出活动中要求的线段中点、中垂线、轴对称点和角平分线，并在折纸活动中生动复习以上几何概念和相关定理。 （2）学生在教育"云"平台上下载活动2的数学微课，观看微课中教师折纸的操作，明确活动2的操作步骤，再用纸张进行折纸活动，在操作中思考数学原理，解析结果。活动2的做法很简单，但活动呈现的基本概念和知识非常丰富与清晰。 解答：①三角形内角和为180°。②三角形中位线判定和性质定理。 （3）通过教育"云"平台，学生将自己在活动1中折出的纸样图片上传到平台，并进行展示，师生相互观看、评讲。 利用数学微课可使学生正确掌握折纸的操作步骤，并在活动中综合复习三角形的内角和定理和中位线定理。对于活动2，师生在班级授课微信群中讨论，可以认识到几何学习不仅能锻炼逻辑推理能力，还有其实践意义。	通过简单的折纸活动，进行生动展示的同时又让学生深刻理解了线段中点、线段中垂线、点到直线的距离、轴对称、角平分线等重要的几何概念与性质，且将以往学习中比较离散的知识点，在一个折纸活动中系统地结合到一起，深化学生对几何概念、定理等知识的融通。
预习作业上传	教师利用网络收集所有学生上传的预习学案，并进行线上批阅，及时反馈结果。	学生上传已完成的预习学案。通过课前线上教学活动，学生在教师的带领下，围绕数学活动展开对几何知识的前期复习和实践巩固，为混合式教学的第二阶段线下课堂教学打下扎实的学习基础。	通过教育"云"平台收集课前活动中产生的问题，为课堂教学做好准备。

二、课中阶段

课中阶段	
教师教学分析	
教学设想	在教师的指导下，针对课前学习中学生集中产生的兴趣点以及需要复习的数学知识重难点，让学生通过"数学认知工具＋数学主题活动"的教学方式，综合建构知识网络。利用纸张折叠活动几乎可以复习初中所学的所有几何基础知识，而且非常直观，纸张折叠本质原理（全等变换）会清晰地展现在学生面前；在折叠过程中，图形与原图形关于折痕轴对称，对应点的连线被折痕垂直平分，相应线段和相应角相等，并且很容易找到相等线段和相等角等问题解决的关键点；对几何教学难点——添加辅助线，也水到渠成，为初三总复习打好基础，同时在自主探究中提高灵活运用所学知识解决问题的能力。
学习方式	混合式教学中的线下课堂教学。
学习内容	通过折纸活动，教师进行混合式教学中的线下课堂教学，结合学生小组讨论，充分促进学生自主学习。在初三总复习中用活动激发学生的学习热情，建构综合性网络化知识体系，提高数学建模和解决问题的能力。
教学目标	知识技能：通过折纸活动，综合复习初中几何轴对称、全等变换、相似图形判断及性质应用，以及方程和函数等重要知识。
	过程方法：运用折纸活动，加强学生知识间的横纵联系，形成网络化知识体系，同时提高综合运用知识的能力。
	情感态度：自主学习，小组合作，在折纸活动中感受数学的美和乐趣，提高数学核心素养。
教学重点	在折纸活动中，建构初中知识网络与体系，提高解决综合性问题的方法与技能。
教学难点	在活动中促进数学建模能力的形成，提高观察问题和解决问题的能力，促进数形结合、逻辑推理、方程与函数等数学思想的形成。
教学支持	网络多媒体投影、以小组为单元的移动智能终端、纸张。

（续上表）

教学过程			
教学内容	教师工作	学生学习	设计意图
情境引入	①教师在课堂上呈现课前活动中收集到的学生优秀案例。 ②教师针对学生在活动2中提出的问题，在课堂上给予快速反馈与解答。 ③活动3：用一张锐角三角形纸片折出它的四类重要线段：锐角三角形纸片三个内角的角平分线、三条中线、三条高、三条中垂线。让学生利用折纸方法确定出这张三角形纸片的"四心"。折纸后，请学生再用尺规作图的方法将"四心"画出来。	学生在教师的指导下进行活动3（折纸复习）： 准备几张锐角三角形纸片，折出三角形纸片的四类重要线段：角平分线（对折角得角平分线）、中线（对折边得中点）、高（过顶点折边得高）、中垂线（对折边的折痕得边的中垂线）。学生对活动进行思考后再利用折纸确定三角形的"四心"（重心、垂心、外心、内心），对于重心：先对折出各边的中点，再以三角形一顶点和对应边中点折出各边的中线，三条中线的交点就是重心；对于垂心：以顶点和对边为基准折出过顶点和对边的高，三条高的交点就是垂心；对于外心：分别对折出三条边的中垂线，三条中垂线的交点就是外心；对于内心：将每个内角对折，对折出的三条角平分线的交点就是内心。这一过程中，学生用折纸的方法先复习三角形的"四心"概念，再活化为动手操作，在理解的基础上加上动作记忆，全方位巩固知识。最后学生用尺规作图的方法将三角形的"四心"画出来，综合复习初中基本尺规作图法。	用纸张折叠法得到三角形的"四心"，再用尺规作图，在这两个动手并相互对照的过程中，对三角形的"四心"概念和性质进行生动的综合复习。通过数学活动，不仅有效建立了知识联系，还培养了学生的发散思维，使学生能触类旁通。

（续上表）

教学内容	教师工作	学生学习	设计意图
课堂教学小组探究	活动4：教师请学生准备一张矩形纸片，折出一个等边三角形，写出折法，并证明其折法的正确性。 教师对学生的折纸活动进行指导，清晰演示折纸活动的操作步骤，让学生正确操作，并在折纸操作中注意观察和思考其中的数学原理。在操作得到等边三角形后，引导学生根据现象进行证明，既要知其然，也须知其所以然。	做法：如图1所示，先取矩形 $ABCD$，对折，折痕为 MN，再把点 B 叠在折痕 MN 上，得到 Rt$\triangle AB'E$，沿着 AB' 线折叠，使点 E 落在 AD 上得点 F，则 $\triangle AEF$ 是等边三角形。 图1 简证： $\because \triangle ABE \cong \triangle AB'E$， $\therefore \angle BAE = \angle B'AE$。 $\because AB' \perp EF$，$EB' = FB'$， $\therefore$ Rt$\triangle AB'E \cong$ Rt$\triangle AB'F$； $\therefore AE = AF$，$\angle B'AE = \angle B'AF$； $\therefore \angle BAE = \angle B'AE = \angle B'AF = 30°$； $\therefore \triangle AEF$ 是等边三角形。	通过这一活动不但可以在矩形纸片上折出 30° 角和 60° 角这样的常用角，而且可以折出等边三角形，学生很有兴趣，同时复习了三角形全等的判定和性质定理，培养了学生的观察力与逻辑推理能力。
	活动5：用纸折出美妙的黄金分割，"线段上的点将线段分为不相等的两段，其中较长段为全线段和较短线段的比例中项"，如何解释这个过程？ 教师首先让学生从方程的角度重新认识"黄金分割"：如果将线段的长看作"1"，点将线段分为两个部分，其中较长部分设为 x，那么较短的部分就为 $1-x$，根据黄金分割的定义可以列方程 $x^2 = 1(1-x)$，整理解得：	做法：黄金分割的尺规作图步骤较为复杂，但用折纸的办法，就可以轻松地将它展示出来。如图2所示，用一张正方形纸片，点 E 为正方形纸片 CD 的中点，将 AE 折叠到 AB 上，折痕为 AH，那么点 H 就为 CB 的一个黄金分割点。 图2	通过这一活动，学生不但复习了"黄金分割"这个初中数学概念，而且有效复习了一元二次方程及其解法；运用直角三角形勾股定理和折叠对称性质证明折纸中黄金分割的成立。利用这一活动的枢纽作用，挖掘其知识内涵，充分引申，

（续上表）

教学内容	教师工作	学生学习	设计意图
课堂教学小组探究	$x = \dfrac{-1 \pm \sqrt{5}}{2}$，其中 $x > 0$，得：$x = \dfrac{-1 + \sqrt{5}}{2}$，也就是说，较长线段为全长的 $\dfrac{-1 + \sqrt{5}}{2}$，约等于 0.618。	证明上述折叠方法的正确性：不妨设正方形的边长为 2，则 $AD = 2$，$ED = 1$，$AE = \sqrt{5}$；折叠后，设 $CH = x$，在 Rt $\triangle ECH$ 中，$EH = \sqrt{1 + x^2}$；由对称性质可知：$GH = EH = \sqrt{1 + x^2}$，$AG = AE = \sqrt{5}$；在 Rt $\triangle HBG$ 中，由勾股定理得：$HB^2 + BG^2 = GH^2$，$(2-x)^2 + (\sqrt{5}-2)^2 = (\sqrt{1+x^2})^2$；解得：$x = 3 - \sqrt{5}$，则 $HB = 2 - x = \sqrt{5} - 1$；所以，$\dfrac{HB}{CB} = \dfrac{\sqrt{5}-1}{2}$，点 H 是线段 CB 的一个黄金分割点。	一题多变，融会贯通。将初中的重要数学知识和方法有机地整合到一起，达到高效的复习效果。
	活动6：教师准备一个等边三角形纸片，如图3所示，把等边三角形折叠，使点 A 落在 BC 的点 D 上，如果 $BD : DC = m : n$，设折痕为 MN，求 $AM : AN$ 的值。 图3 通过此折纸活动建立数学模型，形象地复习等边三角形的性质以及三角形相似的判定和性质应用。	学生在教师的引导下，在折纸活动中观察分析，找出相应的数量关系。 简解： 不妨设 $BD = m$，$DC = n$，$AM = x$，$AN = y$；则等边三角形的边长为 $m + n$；由折叠的对称性可知：$AM = DM = x$，$AN = DN = y$，$\angle MAN = \angle MDN = 60°$；易证：$\triangle MDB \backsim \triangle DNC$，有 $\dfrac{MD}{DN} = \dfrac{MB}{DC} = \dfrac{BD}{CN}$；即 $\dfrac{(m+n) - x}{n} = \dfrac{m}{(m+n) - y} = \dfrac{x}{y}$；解得：$\dfrac{x}{y} = \dfrac{2m+n}{m+2n}$，即 $\dfrac{AM}{AN} = \dfrac{2m+n}{m+2n}$。	运用折纸活动加深对三角形全等、相似、比例等证明和计算问题的思路与方法的理解。求解折叠问题中线段与角或其之间的关系，往往通过折叠先后图形的相似和全等来建立相应关系，并在方程与函数的基础上解决问题。借助活动找出对应的几何量间的联系，有效培养学生转化问题与化归的能力。

（续上表）

教学内容	教师工作	学生学习	设计意图
拓展学习，巧用新知	活动7（以中考大题进行折纸活动）：已知矩形纸片 $OABC$ 的长为4，宽为3，以长 OA 所在的直线为 x 轴、O 为坐标原点建立平面直角坐标系；点 P 是 OA 上的动点（与点 O、A 不重合），现将 $\triangle POC$ 沿 PC 翻折得到 $\triangle PEC$，再在 AB 上选取适当的点 D 将 $\triangle DAP$ 沿 PD 翻折，得到 $\triangle DFP$，使 PE、PF 所在的直线重合。 （1）若点 E 落在 BC 上，如图4所示，求点 P、C、D 的坐标，并求过这三点的抛物线的函数关系式。 图4 （2）若点 E 落在矩形纸片 $OABC$ 的内部，如图5所示，设 $OP=x$，$AD=y$，当 x 为何值时，y 取得最大值？ 图5	（1）由折纸活动可知，$\triangle POC$、$\triangle DAP$ 均为等腰直角三角形，可得 P（3，0）、C（0，3）、D（4，1），设过这三点的抛物线为 $y=ax^2+bx+c$ $(a\neq0)$，则过点 P、C、D 的抛物线的函数关系式为 $y=\dfrac{1}{2}x^2-\dfrac{5}{2}x+3$（如图6所示）。 图6 （2）已知 PC 平分 $\angle OPE$，PD 平分 $\angle APF$，且 PE、PF 所在的直线重合，则 $\angle CPD=90°$； $\therefore$ Rt$\triangle POC \backsim$ Rt$\triangle DAP$； $\therefore \dfrac{OP}{AD}=\dfrac{OC}{AP}$，即 $\dfrac{x}{y}=\dfrac{3}{4-x}$， $y=\dfrac{1}{3}x\,(4-x)$ $=-\dfrac{1}{3}x^2+\dfrac{4}{3}x$ $=-\dfrac{1}{3}\,(x-2)^2+\dfrac{4}{3}$ $(0<x<4)$； $\therefore$ 当 $x=2$ 时，y 有最大值 $\dfrac{4}{3}$。 （3）假设存在，如图5所示，分两种情况讨论： ①当 $\angle DPQ=90°$ 时，由题意可知 $\angle DPC=90°$，且点 C 在抛物线上，故点 C 与点 Q 重合，所求的点 Q 为（0，3）。	在初三总复习教学中，师生往往在中考大题的解题能力训练方面困难重重，中考大题的总复习效果通常不尽如人意。在混合式教学复习中，将中考典型大题运用数学活动重组融合，在认知工具的辅助下，揭示思路，培养能力。本活动就利用折纸，让学生多角度、全过程地深入进行数理剖析，在亲自动手实验中拓宽思路，建立宝贵的解题直觉思维。通过动手带动动脑，在活动亲历中自然启发解题思路，获得灵感。在提高学生思维能力的同时，还可以让学生对艰难的"攻坚课"兴趣高涨，活跃思维。实践证明，数学活动可以显著提高学生对综合性

（续上表）

教学内容	教师工作	学生学习	设计意图
拓展学习，巧用新知	（3）在问题"（1）"的情况下，过点 P、C、D 三点的抛物线上是否存在点 Q 使 $\triangle PDQ$ 是以 PD 为直角边的直角三角形？若不存在，说明理由；若存在，求出点 Q 的坐标。	②当 $\angle PDQ = 90°$ 时，过点 D 作 DQ 平行于 PC，假设 DQ 交抛物线于另一点 Q，P（3，0）、C（0，3），则 PC 的方程为 $y = -x + 3$，将 PC 向上平移 2 个单位与 DQ 重合，则 DQ 的方程为 $y = -x + 5$； 由 $\begin{cases} y = -x + 5 \\ y = \dfrac{1}{2}x^2 - \dfrac{5}{2}x + 3 \end{cases}$ 得 $\begin{cases} x = -1 \\ y = 6 \end{cases}$ 或 $\begin{cases} x = 4 \\ y = 1 \end{cases}$； 又 $\because D$（4，1）， $\therefore Q$（-1，6）。 故该抛物线上存在两点 Q（0，3）、Q（-1，6）满足条件。	大题的解题能力和增强攻坚克难的信心。 在主题活动混合式教学中，教师先带领学生进行折纸活动，很大程度上增强了学生挑战困难、突破难点的信心以及综合复习的兴趣，这样的信心和兴趣在初三总复习的教学中显得尤为重要。
	随堂练习： 如图 7 所示，拿矩形纸片 $ABCD$，点 E 是 AB 上的一点，且 $BE : EA = 5 : 3$，$EC = 15\sqrt{5}$，把 $\triangle BCE$ 沿折痕 EC 向上翻折，若点 B 恰好落在 AD 上，设这个点为 F，AB、BC 的长度各是多少？ 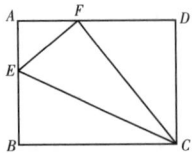 图 7	学生解题，教师指导、订正。 简解： 设 $BE = FE = 5x$，$EA = 3x$，则 $AF = 4x$； 易知：$Rt\triangle EAF \backsim Rt\triangle FDC$； 有 $\dfrac{EA}{AF} = \dfrac{FD}{DC} = \dfrac{3}{4}$，所以 $FD = 6x$； 在 $Rt\triangle EBC$ 中，$BC^2 + BE^2 = EC^2$， 即 $(5x)^2 + (10x)^2 = (15\sqrt{5})^2$， 得：$x = 3$，则 $AB = 8x = 24$，$BC = 10x = 30$。	在矩形折叠中求线段，因为出现直角三角形，往往要用到勾股定理和解直角三角形等知识建立几何量间的方程与函数的数量关系，然后给予解决，通过这类折纸活动可以有机地将勾股定理、解直角三角形、建立方程、解方程等知识融会贯通。

（续上表）

教学内容	教师工作	学生学习	设计意图
反思归纳	归纳上述折纸活动中尤其是综合性大题所用到的数形结合、方程与函数等数学思想。	小组讨论发言，反思数学活动反映出的综合性大题的解决策略，总结解题技能，领会数学思想，形成共识，互相交流，提高能力。	学生在教师的带领下总结归纳，融会贯通。

三、课后阶段

课后阶段	
课后活动巩固与提高	
教学设想	教师利用教育"云"平台收集整理课中学习效果情况与活动中学生产生的疑问和难点，有针对性地进行再反馈，提高学生运用知识解决综合性问题的能力，在此基础上进一步拓展教学，对中考综合性大题进一步深化探究学习。
学习方式	混合式教学中的课后线上教学。
学习内容	①通过混合式教学中的课后线上教学，反馈学生对课堂教学的掌握情况，对学生课后作业进行针对性查漏补缺，强化"双基"。 ②强化思维训练，进一步引导学生拓展深化学习。
教师教学分析	
教学设想	①通过综合性强的折纸活动，创设复习新情境，有效提高学生对综合复习的知识的兴趣，在揭示初中重要数学知识的同时，提高学生空间想象力和理论联系实际的能力。 ②课后教学中继续提出深化学习目标，进一步提高学生解决综合性大题的能力。
教学支持	教育"云"平台、"几何画板"软件、纸张。

（续上表）

教学过程			
教学内容	教师工作	学生学习	设计意图
线上作业	教师在教育"云"平台的支持下，为学生发放线上作业（以选择题和填空题等客观题目为主，限定在10分钟内完成）。	学生利用移动智能终端，完成线上测评和作业，并在教师及时的评价与反馈中，学生查找自己的知识漏洞，订正错误，形成知识网络，筑牢"双基"。	对初中数学"双基"进行巩固和检测。
质量反馈	根据学生提交的测评结果，提供分层线上作业，依托教育"云"平台的技术优势快速诊断。	学生根据教师反馈的作业情况订正、巩固，达到复习教学基本要求、完成"双基"教学后，进一步通过折纸活动解决相关综合性问题，有效提高分析思考能力和解题技能。	巩固初中数学"双基"，填补教学漏洞。
深化探究	教师给出与折纸相关的中考数学综合性题目（以中考大题进行折纸活动）：如图1所示，在矩形 $ABCD$ 中，$AB=3$，$AD=1$，点 P 在线段 AB 上运动，设 $AP=x$，现将纸片折叠，使点 D 与点 P 重合，得折痕 EF（点 E、F 为折痕与矩形边的交点），再将纸片还原。 图1 （1）当 $x=0$ 时，折痕 EF 的长为_____；当点 E 与点 A 重合时，折痕 EF 的长为_____。 （2）请写出使四边形 $EPFD$ 为菱形的 x 的取值范围，并求出当 $x=2$ 时菱形的边长。	在教师的指导下，学生按照题意将纸片折叠，在形象的折叠过程中抽象分析与思考，运用相关几何知识进行逻辑推导，并建立相应的数学关系，求解结果。 学生动手折叠后，思路大为清晰： （1）当 $x=0$ 时，折痕 EF 为 AD 的中垂线，易知 $EF=3$；如果点 E 与点 A 重合，则 $\angle DEF=\angle BEF=45°$，$EF=\sqrt{2}$。 （2）折叠中，点 D 可以和线段 AB 中的任何一点重合，DP 与 EF 相互垂直平分，四边形 $EPFD$ 为菱形，所以 $1\leqslant x\leqslant 3$；当 $x=2$ 时，连接 DE、PF，EF 为折痕，$DE=PE$，令 PE 为 m，则 $AE=2-m$，在 Rt$\triangle ADE$ 中，$AD^2+AE^2=DE^2$，$1+(2-m)^2=m^2$，解得 $m=\dfrac{5}{4}$，此时菱形边长为 $\dfrac{5}{4}$。	在学生的学习最近发展区，继续运用折纸活动探究中考综合性大题的解决方法，深化学生灵活运用知识的能力以及对综合性问题的分析能力。

（续上表）

教学内容	教师工作	学生学习	设计意图
深化探究	（3）令 $EF^2 = y$，当点 E 在 AD 上、点 F 在 BC 上时，写出 y 关于 x 的函数解析式，当 y 取最大值时，判断 $\triangle EAP$ 与 $\triangle PBF$ 是否相似。若相似，求出 x 的值；若不相似，请说明理由。	（3）如图 2 所示，过 E 作 $EH \perp BC$，易证 $\triangle EFH \backsim \triangle DPA$，$\therefore \dfrac{HF}{EH} = \dfrac{AP}{DA}$。 图 2 $\therefore HF = 3x$。 $\therefore y = EH^2 + HF^2 = 9 + 9x^2$。 当点 F 与点 C 重合时，如图 3 所示，连接 PF。 $\because PF = DF = 3$， $\therefore PB = \sqrt{3^2 - 1^2} = 2\sqrt{2}$。 $\therefore 0 \leqslant x \leqslant 3 - 2\sqrt{2}$。 显然，函数 $y = 9 + 9x^2$ 的值在 y 轴的右侧，随着 x 的增大而增大，当 $x = 3 - 2\sqrt{2}$ 时，y 有最大值。$\angle EPF = 90°$，$\triangle EAP \backsim \triangle PBF$。 图 3	
系统总结	指导学生解答综合性大题，提高学生数学分析和思考能力。	在教师的带领下，温故知新，对折纸活动中蕴含的数学知识、方法和思想进行总结，在提高知识运用能力的同时完善知识网络化和系统化构建。	帮助学生形成系统化知识体系。

综观中考试题，与纸张折叠有关的题目是热点，它深入考查了学生的对称等有关几何与代数知识，空间想象和变换能力，数形结合、方程、函数等数学思想。中考复习期间让学生亲自动手进行折纸活动与实验，展示问题的发展和解决过程，可以在增强学生的信心和兴趣、形成有效的问题解决策略、夯实数学"双

基"的同时，有效提高学生综合运用数学知识的能力，其活动复习成效在中考结果中得到了证明。

基础教育课程改革强调形成积极主动的学习态度，关注学生的学习兴趣和经验，倡导学生主动参与、乐于探究、勤于动手。《全日制义务教育数学课程标准（实验稿）》中明确指出："强调从学生已有的生活经验出发，让学生亲身经历将实际问题抽象成数学模型并进行解释与应用的过程，进而使学生获得对数学理解的同时，在思维能力、情感态度与价值观等多方面得到进步和发展。"折纸活动正满足了这个要求。尤其在初三综合复习中，折纸这种让学生既动手又动脑的数学活动与实验，使内涵丰富的抽象数学问题变得直观形象，有效促使学生积极参与问题思考和分析的全过程，可以让学生思维得到高效发展。折纸活动混合式教学复习课另辟蹊径，避免了学生深陷题海之苦，让学生有轻松感、领悟感，让学生在能力提高、知识升华的同时，体验到数学学习的乐趣，让初三数学总复习事半功倍。

第三节　以"三角板拼、转、移"
为主题活动的混合式教学

无论是网络教学还是传统的课堂教学，以学生为学习主体的教学思想都是现代教育所强调的。尤其是在时空隔离的线上教学中，教师必须注意扬"网络平台"之长，避"单一讲授"之短，充分利用建构主义教学观进行教学活动，构建易用易学的数学活动平台，通过让学生"动手"，积极调动学生"动脑"，让学生在数学活动与实验中主动认知和探究，以问题为导向引领学生主动学习。本节内容以初三数学总复习混合式教学为例，在混合式教学复习课中利用学生日常熟悉的三角板为数学认知工具，巧妙运用三角板拼、转、移数学活动，让学生动手实践、主动探究，构建出"活动型"数学活动与实验探究综合复习课。通过一个或一系列数学活动和小课题，辅以微课教学，让学生温故知新，对离散的知识点进行生成性有机整合，使其成为结构清晰的知识网络，在活动中有效驱动学生的学习积极性并提升其解决问题的能力。实践表明，在三角板拼、转、移数学活动和小课题的引导与组织下，线上教学一改以往传统复习课堂单一讲授的沉闷和压抑，学生在线上线下混合式教学中迸发出难得的好奇和激情，使初三复习课充满活力。

下面用完整案例呈现运用三角板拼、转、移数学活动进行初三数学综合复习的混合式教学：

一、课前阶段

课前阶段	
学生学习情况分析	
学生学习特征	①思维特点：在学生进入初三第二学期中考复习阶段后，初中数学知识已经学习完毕，教学重心转向学生对初中全部数学知识进行融会贯通。复习阶段学生对死记硬背是有厌倦感的，但对知识的活学活用充满兴趣。 ②认知基础：学生已经学完初中所有数学知识，但灵活应用知识解决综合性问题的能力不足，思考问题的深度和广度也有待增加。 ③认知工具使用情况：学生可以熟练使用教育"云"平台，具有使用网络技术在线学习的能力，对于使用三角板等工具进行动手认知数学活动的兴趣很高，在数学微课的辅助下，由教师主导，可以利用认知工具顺利进行数学探究活动，提高解决综合性问题的能力。
学习方式	混合式教学中的课前线上教学。
学习内容	三角板是数学教学必不可少的工具，学生也经常使用。但在教师的精心挖掘下，通过现场和微课视频教学，简简单单的三角板就多样而生动地展现出平移、旋转、对称三大变换，相似与比例，方程与函数，数学建模等初中数学的核心知识与内容。三角板拼、转、移数学活动所呈现的简洁而精彩的数学世界让学生心动。 在三角板拼、转、移活动中需要实现的学习目标： ①知识与技能目标：通过三角板拼、转、移活动，让学生在动手、动脑活动中掌握和理解初中数学知识，并形成系统化知识网络。 ②过程与方法目标：在三角板拼、转、移活动中将实际情境抽象成数学模型，培养学生数学建模能力和应用数学知识分析、解决问题的能力。 ③情感态度与价值观目标：通过三角板拼、转、移活动，让学生深刻体会活动中蕴含的数形结合等数学思想，感受数学知识的应用价值，增强学生在实际生活中应用数学知识解决实际问题的意识。
教师教学分析	
教学设想	运用三角板拼、转、移活动对初中相关数学知识进行综合性、系统性复习。让学生在教师的指导下利用三角板进行混合式学习，在动手、动脑的系列化主题活动中通过观察、思考、回顾和使用等实践操作来研究活动现象，理论联系实际，深刻理解其中的本质原理，并在活动过程中顺利梳理知识系统，生动建构网络化知识体系，掌握解决问题的方法，这样的复习课堂不会枯燥和压抑，对增强学生中考复习的信心也很有帮助。

（续上表）

教学重点	围绕三角板拼、转、移活动的主题，将活动中呈现的初中数学知识系统化，在活动中建构知识网络，提高学生观察、思考、分析与解决实际问题的能力。
教学难点	利用三角板拼、转、移活动进行数学建模，综合运用初中数学知识解决活动中的数学问题。
教学支持	"腾讯课堂"、班级授课微信群、教育"云"平台、两副三角板（两个含30°角的直角三角板和两个含45°角的直角三角板）。

线上预习教学过程

教学内容	教师工作	学生学习	设计意图
课前线上教学	①发放预习学案。 ②活动1：用三角板画角平分线；用三角板画线段的垂直平分线，并说明理由。 图1 图2	学生按照要求准备好两副三角板，通过观看教师线上微课演示操作，领会数学活动操作步骤。 将两个全等的含45°角的直角三角板如图1所示放置（换成含30°角的直角三角板亦可），则两块直角三角板的斜边有交点P，以角的顶点O为起点过交点P画射线OP，OP就是$\angle AOB$的角平分线。将两个全等的含30°角的直角三角板如图2所示放置（换成含45°角的直角三角板亦可），则两块直角三角板的斜边有交点C，用直角三角板的直角功能过C点作$EF \perp AB$，则EF就是线段AB的垂直平分线。针对以上现象，学生进行数理说明，并将问题解决的数学证明通过网络展示。 在探究过程中，学生需要整合以前学习的相关知识，如综合运用全等三角形的判定和性质、等腰三角形的判定和性质等知识，才能对活动现象进行数学解释与证明。在这种主动性很强的复习活动中，学生的知识切实而生动地得到巩固，解决问题的能力也得到有效提高。	在进行网络数学活动之前，三角板最多的用途是画特殊角，如15°、30°、45°、60°、75°等15°的倍数角，其次是利用三角板刻度进行度量与画图。而用三角板拼出角平分线、线段垂直平分线的活动给了学生一个惊喜，在好奇中自然推动学生进行复习探究。

（续上表）

教学内容	教师工作	学生学习	设计意图
预习作业上传	教师利用网络收集所有学生上传的预习学案并及时反馈学生预习学案中出现的问题，对活动1进行解析和点评。	学生观看教师微课演示，利用三角板完成预定操作后，形成数学化模型，并用所学三角形全等的判定和性质等相关知识来解决上述问题；学生将数学建模和证明过程上传至教育"云"平台，展示结果；学生在教师的带领下通过课前线上教学活动，展开对几何知识的前期复习和实践巩固，为混合式教学的第二阶段线下课堂教学打下扎实的基础。	通过及时反馈，将学生在课前活动中产生的问题分类总结，在课堂教学中讲清重点、突破难点、解释疑点。

二、课中阶段

课中阶段
教师教学分析

教学设想	这部分内容是线下课堂教学，对这部分内容将运用"数学认知工具（三角板拼、转、移）＋中考综合性问题的数学主题活动"方式进行教学。课堂开始时，教师利用混合式教学课前预习阶段学生产生的兴趣点，设置出课堂教学的知识最近发展区，学生在教师的指导下，借助三角板拼、转、移活动继续深入复习初中数学知识，并对知识进行综合应用。三角板拼、转、移活动中蕴含很多初中数学基础知识，而且直观、生动、形象，在活动中会自然展现出图形对称、平移、全等与相似变换等重要的初中数学知识点，并在全等和相似中建立方程等式或函数关系式，将几何关系量转化成数理关系，有效整合初中几何与代数知识网络，高效形成数学思想方法。
学习方式	混合式教学中的线下课堂教学。
学习内容	线下课堂教学中，学生在教师的带领下通过三角板拼、转、移活动进行混合式教学的探究学习。在初三总复习中以具有"三角板"背景的综合性强、难度大的中考综合性题目为活动主线，培养学生的数学思维，强化学生的知识综合运用能力，使其深刻领悟数学思想和方法，同时在活动中激发出学生的复习热情。

（续上表）

教学目标	知识技能	通过三角板拼、转、移活动，结合中考综合性题目，系统整合复习初中数学相关知识体系，建立学生数形结合、分类讨论、数学建模等重要数学思想。
	过程方法	在三角板拼、转、移活动中加强学生初中数学知识网络化整合，构建学生完整的知识体系，提高学生综合应用初中数学知识解决问题的能力。
	情感态度	通过三角板拼、转、移活动，促使学生在动手操作、观察思考中有效复习，同时树立综合运用知识建立数学模型、解决实际问题的意识。
教学重点		在三角板拼、转、移活动中，建构初中数学知识网络与体系，提高学生解决综合性问题的能力。
教学难点		在三角板拼、转、移活动中形成数形结合、分类讨论、数学建模等重要数学思想。
教学支持		网络多媒体投影、以小组为单元的移动智能终端、多副三角板。

教学过程			
教学内容	教师工作	学生学习	设计意图
情境引入	（1）在课堂呈现活动1中收集到的优秀案例。 （2）对活动1中学生提出的问题给予解答。 （3）活动2：①把两个含有45°角的直角三角板如图1所示放置，点 D 在 BC 上，连接 BE、AD，AD 的延长线交 BE 于点 F。求证：$AF \perp BE$。②把两个含有30°角的直角三角板如图2所示放置，点 D 在 BC 上，连接 BE、AD，AD 的延长线交 BE 于点 F。AF 与 BE 是否垂直？请说明理由。 图1	在教师的指导下，学生按照题目的要求进行三角板拼、转、移活动，并观察、思考、论证： ①首先学生动手拼叠，然后具体画图，此过程中容易发现△ACD≌△BCE，从而有 $\angle BFD = 90°$，所以 $AF \perp BE$。 ②同样先"具体动手"后"抽象动脑"，注意到 $\dfrac{BC}{AC} = \dfrac{EC}{DC} = \sqrt{3}$ 之后，容易得出△DCA∽△ECB，$\angle DAC = \angle EBC$，$\angle CDA = \angle FDB$，所以 $\angle BFD = \angle ACD = 90°$，即 $AF \perp BE$。	此题是一道经典的中考题，要求学生根据条件证明三角形全等、相似，再利用垂直判定定理解决问题。题目简洁明晰，内涵丰富，对初中数学知识、技能、方法、思想的考查都很精准。用这样的经典题目作为复习课题进行课堂活动，仔细推敲，可以让学生解题能力的提高事半功倍。

（续上表）

教学内容	教师工作	学生学习	设计意图
情境引入	 图 2		
课堂教学小组探究	活动 3：将两块大小一样含 30°角的直角三角板叠放在一起，使它们的斜边 AB 重合，直角边不重合，已知 $AB = 8$，$BC = AD = 4$，AC 与 BD 相交于点 E，连接 CD。 ①填空：如图 3 所示，$AC = $ _____，$BD = $ _____；四边形 $ABCD$ 是 _____ 梯形。 图 3 ②请写出图 3 中所有的相似三角形（不含全等三角形）。 ③如图 4 所示，若以 AB 所在直线为 x 轴、过点 A 垂直于 AB 的直线为 y 轴建立平面直角坐标系，保持 $\triangle ABD$ 不动，将 $\triangle ABC$ 向 x 轴的正方向平移到 $\triangle FGH$ 的位置，FH 与 BD 相交于点 P，设 $AF = t$，$\triangle FBP$ 面积为 S，求 S 与 t 之间的函数关系式，并写出 t 的取值范围。 图 4	"①、②" 解题步骤略。 ③根据题意，学生用三角板模拟，很快可以找到问题的关键：过交点 P 作出目标三角形的高，即 $PK \perp FB$，再利用相似，求得 FB、PK 与 t 的关系，从而容易得到 $\triangle FBP$ 的面积 S 与 t 之间的函数关系式： $S = \frac{1}{2}FB \cdot PK = \frac{1}{2}(8-t) \cdot \frac{\sqrt{3}}{6}(8-t)$， $\therefore S = \frac{\sqrt{3}}{12}(t-8)^2$，$0 \leqslant t < 8$。	运动型探究题目是近年中考热点，也是令学生头痛的问题，感觉动起来眼花缭乱，无从把握。学生对解答动态题目感到困难的重要原因是以往教学所呈现的多是静态图形，学生产生了思维定式。在混合式教学中让学生动起来，三角板就是数学活动中非常方便的工具，学生在探索中能很容易找到运动中不变的规律。

（续上表）

教学内容	教师工作	学生学习	设计意图
拓展学习，巧用新知	活动4：将两个全等的含30°角的Rt△ACB和Rt△DCE（其中∠CAB = ∠CDE = 30°）放在同一平面内，开始时两个三角形重合，直角顶点都在 C 处，将 Rt△DCE 绕着点 C 逆时针旋转 α（0° < α < 90°），如图5所示，设 AB 与 CD 相交于点 F，过点 F 作 FG∥DE，交 CE 于点 G，连接 BG。 图 5 ①求证：△GBF 为直角三角形。 ②若设 BC = 1，AF = x，则求当 α = 30° 时，x 等于多少？ ③若记 △GBF 的面积为 S，求 S 与 x 的函数关系式，写出 x 的取值范围，并求出 S 的最大面积和此时 x 的值。	学生在教师的指导下运用三角板边模拟边画图，敏锐地发现 △GCB ∽ △FCA，引发学生思考。 ①学生运用三角板进一步模拟又发现三角板旋转过程中始终有 ∠ECB = ∠ACF，再考虑到 $FG \parallel DE$，$\dfrac{CF}{CD} = \dfrac{CG}{CE}$，而 $CE = CB$，$CD = CA$，所以 $\dfrac{CF}{CA} = \dfrac{CG}{CB}$，△GCB ∽ △FCA，则 ∠GBC = ∠FAC = 30°，所以 ∠GBF = 90°，△GBF 为直角三角形。 ②略。 ③由问题"①"可知：△GCB ∽ △FCA，则 $BG = \dfrac{1}{\sqrt{3}}AF = \dfrac{1}{\sqrt{3}}x$，$S = \dfrac{1}{2}BG \cdot BF$；$S = \dfrac{1}{2} \cdot \dfrac{1}{\sqrt{3}}x(2-x) = -\dfrac{\sqrt{3}}{6}(x-1)^2 + \dfrac{\sqrt{3}}{6}$（$0 < x < 2$）；当 $x = 1$ 时，S 有最大值 $\dfrac{\sqrt{3}}{6}$。	用此题设计复习课数学活动，有效加强了学生对三角形相似、特殊三角形、二次函数，尤其是函数建模等知识要点的巩固，并使学生学会将复杂题目进行层级分解，然后逐步解决。在活动过程中，学生的思维豁然开朗，大有"悟"的感觉。混合式教学活动复习课就在动手操作中帮助学生取得能力突破。

（续上表）

教学内容	教师工作	学生学习	设计意图
拓展学习，巧用新知	活动5：如图6所示，在平面直角坐标系中，将一块腰长等于$\sqrt{5}$的等腰直角三角板△ABC放在第二象限斜靠在两坐标轴上，直角顶点C的坐标为（−1，0），点B在抛物线$y=ax^2+ax-2$上。 图6 ①求点A、B的坐标。 ②求抛物线的解析式。 ③将三角板绕着顶点A逆时针旋转90°到达△$AB'C'$的位置，请判断点B'、C'是否在问题"②"中的抛物线上，并说明理由。	教师展示题目后，学生通过三角板的拼、转、移活动，思路变得清晰。易得： ①A（0，2）、B（−3，1）。 ②$y=\dfrac{1}{2}x^2+\dfrac{1}{2}x-2$；解略。 ③学生在教师的启发下，结合模拟旋转考虑直角坐标系中点的坐标特征，过点B'作$B'M\perp y$轴于点M，过点B作$BN\perp y$轴于点N，过点C'作$C'P\perp y$轴于点P（如图7所示），得出问题关键：Rt△$AB'M$≌Rt△BAN，至此易得$B'M=AN=1$；$AM=BN=3$，则B'（1，−1）；同理：Rt△$AC'P$≌Rt△CAO，可得C'（2，1），将B'（1，−1）、C'（2，1）代入$y=\dfrac{1}{2}x^2+\dfrac{1}{2}x-2$可知，点$B'$、$C'$在抛物线上。 图7	此题是综合性很强的以三角板为活动背景的中考大题，教师单纯讲解很难让学生有深刻的理解。在混合式教学中利用活动将抽象问题直观展示出来，学生动手实验探究题目，合理猜想，找到破解关键，并加以逻辑证明。利用此题有效组织学生逐步开展综合性复习，既加深了学生对坐标系、旋转基本性质、抛物线基本知识的巩固理解，又进一步提高学生运用构造法加设辅助线的能力。
反思归纳	归纳上述三角板拼、转、移综合性题目涉及的数学思想。	小组讨论，形成对本节课重要内容和方法的总结小报告，上传至教育"云"平台。	学生总结归纳，让内容系统化、知识条理化。

三、课后阶段

课后阶段			
课后活动巩固与提高			
教学设想	"图形变换"是新课程标准中着重加强的部分，这部分教学内容既可以有效提高学生分析、综合、概括、逻辑推理水平，又能较好地培养数学建模、计算技能，同时对中学数学三大能力，尤其是"空间图形"能力的培养有着重要作用，所以这部分内容也成为中考的重点，题型丰富，而且多以综合性大题出现。在往日传统复习课中，对这类问题的教学多以教师的抽象讲解为主，学生理解不深，突破迟缓。利用三角板为认知工具进行混合式教学，三角板拼、转、移活动令学生耳目一新，一扫传统中考复习的枯燥，并且在课后阶段继续进行线下实验，保证充分的模拟与思考时间，充分发展学生思维，让学生在新颖别致的数学活动和小课题探究中增强综合解题能力和攻坚克难的信心。		
学习方式	混合式教学中的课后线上教学。		
学习内容	以三角板为背景的相关中考真题可作为数学混合式教学活动素材，学生在三角板拼、转、移活动中，感悟数学知识、提高能力、升华思想。		
教学支持	教育"云"平台、"几何画板"软件、多副三角板。		
教学过程			
教学内容	教师工作	学生学习	设计意图
质量反馈	教师依托教育"云"平台的技术优势快速诊断学生提交的课中学习活动报告及线上测评，提供指导。	学生根据教师通过教育"云"平台反馈的指导，对混合式教学课中教学阶段的中考真题数学活动进行再认知，巩固数学活动中涉及的初中系统化数学知识，达到复习"双基"要求，并在双向反馈中提高观察、判断、分析、思考的能力和对中考综合性大题的解题技能。	巩固初中数学"双基"，填补教学漏洞。

（续上表）

教学内容	教师工作	学生学习	设计意图
深化探究	教师提供课后开放性三角板拼图活动： （1）学生用 4 个全等的含 30° 角的直角三角板可以拼成平行四边形、矩形、菱形、正方形、等腰梯形等特殊四边形。 （2）在上述开放性拼图中，教师就势提出问题：图 1 是用硬纸板做成的两个全等的直角三角板，两条直角边的长分别为 a 和 b，斜边长为 c；图 2 是以 c 为直角边的等腰直角三角板，将它们拼成一个能证明勾股定理的图形。 ①画出拼成的这个图形的示意图，写出它是什么图形。 ②用此图形证明勾股定理。 ③假设图中的直角三角板有若干个，运用图 1、图 2 所给的直角三角板拼出另一种能证明勾股定理的图形，画出拼后的示意图。 图 1 图 2	（1）学生在线下动脑思考、动手实验，用 4 个全等的含 30° 角的直角三角板拼出平行四边形、矩形、菱形、正方形、等腰梯形等特殊四边形。然后可以对照自己拼出的图形自然而清晰地复习平行四边形、矩形、菱形、正方形、等腰梯形等相关知识，并在线上进行展示交流。 （2）学生按照教师的要求，用硬纸板做出两个全等的直角三角板，一类是两条直角边的长分别为 a 和 b，斜边长为 c 的直角三角板，如图 1 所示；另一类是以 c 为直角边的等腰直角三角板，如图 2 所示。动手拼图，将它们拼成能证明勾股定理的图形。拼出后画出示意图，在线上进行展示，小组交流后用以证明勾股定理。针对问题"②"、问题"③"，学生在教师的指导下，在拼图中自然联想并运用面积公式来推证勾股定理，学生还可以在教育"云"平台上查阅教师提供的资料，参照著名的"总统证法"和中国古代数学家赵爽的"弦图证法"，开阔眼界，丰富思维，如图 3 所示（解析及证明略）。 图 3	此题取材于人教版课本，对数形结合能力要求较高，有难度。学生在拼图活动中自然引申，将对于记忆性知识的掌握训练转化为对于程序性知识的能力提高。通过混合式教学复习课中的拼图活动，对初中所学的四边形、三角形基本知识进行生成性复习和自然巩固，活动教学直观、生动、形象。在具有很强的操作性和开放性的复习中，学生可以欣赏到一个有机联系的美妙数学世界。

（续上表）

教学内容	教师工作	学生学习	设计意图
系统总结	教师指导学生总结上述综合性问题的活动策略和解题方法，提高学生的分析思考能力。最后将总结的方法与策略上传至教育"云"平台分享、升华。	在教师的带领下，学生对涉及三角板活动的中考真题进行分类归纳，找出其中的知识要点和解决策略。利用实例，对三角板活动中蕴含的数学知识、方法和思想进行回顾总结，形成系统化知识体系，并有效提高学生的空间想象力和逻辑推理能力。	帮助学生形成系统化知识体系，提高数学思维能力和数学核心素养。

在众多类型的数学复习课中，教师如果能充分利用学生手头常用的工具或学具，如直尺、三角板等，用心设计数学活动，用活动带动复习，可以收获高效率、高质量的复习效果，尤其是在混合式教学中的线上教学环节。活动是有效吸引学生注意力和兴趣的教学手段，让学生在网络上通过活动探究，真正成为学习主体，让线上学习成为学生积极的自我学习模式。在上述以学生常用的三角板为认知工具的数学系列化主题活动混合式教学中，教师通过精心设计不断变换，深入挖掘，便能直观生动地展现出丰富的数学知识，自然巧妙地呈现出数学的神奇和优美，让学生在线上课堂中动手与动脑、复习与巩固、探索与创新，数学活动成为复习教学的好平台。教师在学生的认知发展水平和已有知识经验的基础上，有效地与学生进行教学互动，用逻辑递进的问题激发学生的学习积极性，向学生充分提供开展数学活动的机会，帮助学生在自主探索与合作交流过程中，真正理解和掌握数学基本知识、技能、思想与方法，获得比课本知识广泛得多的数学经验和能力。线上教学虽然隔绝了师生的时空，但是同时赋予了教学更大的拓展舞台，平日运用不多的活动与实验在线上教学中有了施展的条件和环境。教学事实证明，数学学习不能单纯地依赖记忆，教师要设计出好的数学活动，让学生在活动中动手实践、动脑探索与合作交流才是学习数学的高效方法。这样兴趣盎然的初三数学线上线下混合式教学复习活动不会枯燥，充满数学思考的魅力，能让学生在紧张中充满乐趣地认知与总结、探究与理解，水到渠成地构建基础知识网络，提高基本技能，掌握方法，感悟数学思想。

参考文献

［1］中华人民共和国教育部. 义务教育数学课程标准：2011 年版［S］. 北京：北京师范大学出版社，2012.

［2］王林全. 现代数学教育研究概论［M］. 广州：广东高等教育出版社，2005.

［3］万中，曾金平. 数学实验［M］. 北京：科学出版社，2001.

［4］毕海滨. 基于认知工具的数学实验教学研究：信息技术与中学数学课程整合的新方法［M］. 北京：北京邮电大学出版社，2013.

［5］李露露. 初中数学混合式教学的应用与实践［D］. 济南：山东师范大学，2019.

［6］蒲倩. 分布式认知理论与实践研究［D］. 上海：华东师范大学，2011.

［7］林玲. 初中数学学科核心素养的认识与培养［J］. 当代教研论丛，2018（2）.

［8］何克抗. 信息技术与课程深层次整合理论［M］. 北京：北京师范大学出版社，2008.

［9］苏振宇. 混合式教学模式在高中数学教学中的运用［J］. 数学学习与研究，2020（4）.

［10］汤懋杰，崔琳. 大数据时代下新型混合式教学模式在初中数学教学中的应用研究［J］. 无线互联科技，2019，16（13）.